Klaus Moegling

ZEN
im Sport

Eine andere Möglichkeit,
Sport zu betreiben
Das Handbuch für Sportler

**EDITION
SCHANGRILA**

Autor

Klaus Moegling (Dr. rer. pol), geb. 1952, hatte bisher die seltene Gelegenheit, in seiner Lebensgeschichte Bewegungskulturelles mit Gesellschaftspolitischem zu verbinden. Arbeit an der theoretischen Kritik des Sports ergänzte sich mit einem intensiven Selbststudium in der Veränderung der gewohnten und der Entdeckung der fernöstlichen Bewegungskulturen. Gesellschaftspolitisches Engagement in herkömmlichen und alternativen Institutionen verband sich mit dem Interesse an einer Bewegungskultur, deren Sinngehalt und inhaltliche Ausprägung sich mit diesem Engagement vereinbaren lassen. Er ist Mitbegründer des „Kasseler Instituts für Gesundheit und Körpererfahrung e. V." und Verfasser verschiedener Sachbücher zum Thema „Körpererfahrung".

1. Auflage 1987
© Edition Schangrila, Haldenwang
Alle Rechte vorbehalten
Fotos im Innenteil: Ralf Heinemann
Umschlagfoto: Ralf Heinemann
Umschlaggestaltung: Wolfgang Jünemann
Textgestaltung: Monika Jünemann
Gesamtherstellung: Schneelöwe, Haldenwang
ISBN 3-924624-51-8

Printed in Germany

Dieses Buch ist meinen
Kindern Max und Susanne
gewidmet

Inhaltsverzeichnis

1. TEIL
Vom leidenschaftlichen zum vom Leiden befreiten Sportler   7

Das Leiden am Sport   10
  Notizen während eines Handballspiels   10
  Tischtennis gegen Jörg   12
Erlöst Zen den Sportler von seinem Leiden?   14
  Drei Geschichten zur Frage „Was ist Zen?"   17
Zen, Sport und Meditation   19
Zehn Bilder des Ochsen oder die Suche nach der verlorengegangenen Bewegung?   23
Selbsterfahrung und Satori im Sport   33
  Am Strand — meine Bewegung ist die Sonne im Meer und die Welle in mir   37
Üben als meditativer Weg — irgendwann trifft Dein Wurf Dich selbst   41
Zen über 57 Sekunden — zum Verhältnis von Konkurrenz, Leistung und Meditation im Sport   52
Anspannung und Entspannung — Yin und Yang im Sport   56

2. TEIL
Dreimal Sanfte Körpererfahrung   69

Eine Einleitung in das Tai Chi Chuan   70
„Der Tageslauf der Krähe" — eine Hinführung zum Tai Chi Chuan   72
„Der Gruß an die Sonne" — eine Hinführung zum Yoga   91
Zen in der Kunst der Massage — sanftes Körpererleben zu zweit   110

3. TEIL
Zen im Sportunterricht — ein Blick in die Turnhallen des nächsten Jahrhunderts 121
Wer kultiviert hier sein Ego? — das Verhältnis zum Lehrer 130
Vom Gesundheitswert meditativen Sports 137
Zen in der Kunst des Sports und des Lebens 141
Zen in der Zukunft des Sports — eine Utopie sanfter Körpererfahrung und lebendigen Lebens 147

Nachwort — Höhlensport oder Kunst des Lichts? 154
Sechzehn ausgewählte Literaturhinweise 159

Vom leidenschaftlichen zum vom Leiden befreiten Sportler

Ich war über zwei Jahrzehnte hinweg ein leidenschaftlicher Sportler. Für den sportlichen Erfolg war ich bereit, vieles zu erdulden: Verletzungen und körperliche Schäden, den Verlust an selbstbestimmter Zeit und die Abhängigkeit zu den Trainern und Funktionären.

Doch irgendwann einmal war der Punkt erreicht, an dem ich nicht mehr in der Lage war, all dies auf mich zu nehmen. Damals bestand die große Gefahr, daß ich den Sport und der Sport mich verlor. Doch mein Bewegungsbedürfnis war zu groß. Ich begann mich wieder zu bewegen. Aber anders. Etwas Neues entstand.

Hiervon möchte ich in diesem Buch berichten und erzählen. Und ich glaube, ich werde aufmerksame Leser und Zuhörer bekommen. Vielen Menschen geht die Rekordsucht, das falsche und übertriebene Leistungsdenken und die Vermarktung des Sports auf den Geist. Im letzten Lebensjahrzehnt habe ich erleben dürfen, daß sich meine Bewegung von der Versportung im herkömmlichen Sinne befreien kann. So deutet der Titel dieses Buches – Zen im Sport – darauf hin, daß es etwas jenseits unseres traditionellen Bewegungsverständnisses gibt, das es sich lohnt zu erleben.

Hinter diesem Buch steht eine kulturkritische Sichtweise des Sports und der Versuch über unseren kulturellen Zaun zu schauen. Ich halte es für notwendig, den Sport seiner einseitigen Interpretation zu berauben, enge Grenzen aufzuheben und die Öffnung für neue Formen des Sports zu begünstigen. Es geht hierbei nicht darum, daß nun alles zu vergessen sei (auch das, was am Sport immer noch liebenswert war), sondern es geht um die selbstbestimmte und wesensgemäße Vereinigung östlicher und westlicher Körpererfahrungswege zu einer Synthese, die von beidem profitiert und den gesellschaftlichen Ballast beider Wege abgeworfen hat.

Westliche Körperkultur findet seinen typischen Ausdruck im Hochleistungssport; östliche Körperkultur in der meditativen Ausübung festgelegter Bewegungsrituale. Was von beidem kann ineinander integriert werden? Wo liegt die Annäherung auf einer neuen Ebene? Der Zen-Bogenschütze, der immer wieder dieselbe Bewegung wiederholt, ohne auf das Ziel zu achten und der Tennisspieler, für den ein Schlag sinnlos ist, wenn der Ball sein Ziel nicht erreicht: Wo ist ihre gemeinsame, höhere Ebene? Kann es ein neues Niveau der Körperkultur geben, die Westliches und Östliches miteinander vereint?

Diese Frage läßt sich nur schwer ausschließlich über eine wissenschaftliche Argumentation und Beweisführung beantworten. Daher ist dieses Buch zwangsläufig sehr subjektiv geschrieben. Nur so glaube ich, so manches angemessen verdeutlichen zu können. Dennoch gehen auch systematische Gedanken und theoretische Erörterungen in die Darstellung ein. Auch Geschichten und Gedichte findest Du vor. Ich habe ein unübliches Buch versucht. So gibt es kaum Zitate und Quellenangaben. Über diejenigen Bücher, die für diesen Text wesentlich waren, habe ich hinten etwas geschrieben. Auf eine ausführliche Bibliografie möchte ich bewußt verzichten.

Ich kann Dir nicht erklären, was Zen für Dich bedeuten kann. Ich kann Dir aber zeigen, welche Anregungen ich dem Zen für meinen Sport entnehme. Genügt Dir das? Egal, anders geht es einfach nicht. Du mußt Dich sowieso selbst auf die Suche nach Deinem Zen in der Kunst des Sports begeben. Vergiß alles, was Du hier lesen wirst, dann bist Du näher am Ziel als Du glaubst. Oder: Wenn Du am Schluß des Buches immer noch fragst, was Zen in der Kunst des Sports ist, dann muß ich Dir antworten: Fang an zu laufen, zu schwimmen oder sonst was, aber hör auf zu fragen. Tu was und entdecke das Neue, das eigentlich schon immer da war. Laß Dich überraschen.

Dieses Buch ist ein Experiment — ein Spiel mit Dir und den Inhalten. Also: Nimm die strengen Falten aus Deiner Stirn heraus und spiel mit. Ich sage bewußt nicht: „Auf die Plätze, fertig, los!"

Komm.
Schließ einmal die Augen.
Laß sie eine ganze Weile zu,
bis Du das Gefühl von innerer Ruhe hast.
Kommst Du nicht von allein zur Ruhe,
dann richte Deine Aufmerksamkeit nur auf
Deinen Atem.
Verfolge eine lange Zeit ganz bewußt,
wie Du ein- und ausatmest.
Bis Du auch das vergißt …

Das Leiden am Sport

Notizen während eines Handballspiels.

Schlag vor die Brust und er fällt um.
Rückraumspieler geht auf die Deckung zu. Sprungwurf.
Schlag in den Bauch. Schrei. Er klatscht auf dem Boden auf.
„Ruhig jetzt!" „Helmut, sei ruhig jetzt!"
„Ruhig spielen!"
„Los Helmut! „Tor!" „Jawohl!"
„Los, jetzt zupacken!" „Spielen jetzt!"
„Aggressiver!" „Vor!"
Pfiff. Empörte Schreie.
„Hier, hier, Herr Schiedsrichter!"
Spieler zeigt auf sein eingerissenes Trikot.
„Packt zu jetzt!"
Schlag in den Nacken und vor die Brust.
Tor. Jubelgeschrei.
„Vor! Spielen! Spielen!"
Schlag vor den Bauch. Spieler knickt zusammen, fällt hin.
Freistoß.
Schuß von außen auf das Gesicht des Torwarts.
Torhüter fällt um.
Bleibt liegen. Rappelt sich wieder auf. Mitspieler klopfen ihm auf die Schulter. Er spielt weiter. Beifall.
Außenverteidiger schubst den Gegenspieler im Sprungwurf gegen die Wand.
Hinausstellung für 2 Minuten.
„Schieben! Schieben! Schieben!"
„Wechsel!" „Schneller zurück!"
Nr. 8 vergibt eine klare Chance.
Läuft sich maßlos ärgernd zurück.

„Deckung! Deckung! Rangehen!"
Nr. 8 fängt den Ball ab. Wird geklammert, bekommt einen Schlag ins Gesicht, schreit laut auf und bricht zusammen.
Hinausstellung für den Gegenspieler. Nr. 8 ist bemerkenswert schnell wieder auf den Beinen (grinst zur Trainerbank rüber).
Nr. 6 – ein sehr junger Spieler – ist käsebleich. Seine Gesichtszüge sind verspannt.
Deckungsfehler durch ihn auf der Außenposition.
Der Trainer springt auf und droht ihm fluchend mit der Faust.
Rauhe und heisere Schreie von den Zuschauerrängen. Kurz und abgehackt.
Zuschauer schreien den Schiedsrichter an: „Geh nach Hause!"
Kreisläufer wird angespielt. Wühlt sich durch.
Der Verteidiger stößt ihn hart zu Boden. Beide wälzen sich ineinander verwickelt auf der Kreislinie. Kreisläufer springt wutentbrannt auf, droht ihm. „Ruhig, Günther", ruft es von allen Seiten ...

Soweit die Notizen, die ich mir als Zuschauer bei einem A-Klassen-Handballspiel anfertigte. Wenn nun jemand einwenden möchte, daß es wohl in höheren Spielklassen humaner zugehe, so muß ich ihn leider enttäuschen. Ich habe es jahrelang erleben dürfen, wie dort – sicherlich etwas geschickter – mit den Knien gestoßen, an den Hoden gezogen, ins Gesicht geschlagen und gegen die Wand geschubst wurde. Es wurde halt mit allen Mitteln um den Erfolg gekämpft.

Doch das Leiden am Sport hat viele Gesichter. Die Brutalität, mit der es in den Kampfsportarten zugeht, ist nur eines davon.

Tischtennis gegen Jörg

Ich merke sofort:
Jörg ist mir im Tischtennis überlegen.
Da ist nichts zu machen.
Er wird das Spiel gewinnen.
Auch meine größere innere Ruhe im Spiel wird seinen technischen Vorteil nicht ausgleichen können.
1 : 4
Selbst meine brisantesten Aufschläge bringt er gefährlich für mich über das Netz zurück. Und seine Aufschläge! Erst im letzten Moment kann ich die Art seines Anschnitts erkennen und entsprechend reagieren.
1 : 7
Meistens geht meine Erwiderung seines Aufschlags an der Platte vorbei.
2 : 8
Ich habe gut gekontert. Endlich einen Punkt hinzugewonnen. Jörg hat den Ball verzogen. Er flucht.
Langsam komme ich etwas besser ins Spiel.
4 : 9
Meine Ruhe zahlt sich auch in Punkten aus. Doch Jörg bleibt immer noch überlegen.
8 : 16
Doch ist dies wirklich Überlegenheit?
Bei jedem verschlagenen Ball schimpft und flucht er.
Er ist richtig ärgerlich und mit sich unzufrieden.
Der Erfolg über mich allein scheint ihm nicht zu reichen.
Er braucht das totale Erfolgserlebnis. Nicht einen einzigen Fehler machen.
10 : 18
Es wird deutlich, daß ich auf jeden Fall verlieren werde.
Jörg wird gewinnen. Dennoch wirkt er unruhig. Er gibt mir bei einem Punktgewinn meinerseits nicht das Gefühl, daß

ich gut gespielt hätte, sondern schimpft nur mit sich, stellt
es als sein eigenes Versagen dar.
21 : 11
Gerade noch aus dem „Schneider" herausgekommen.
Jetzt strahlt Jörg doch Zufriedenheit aus.
Er gibt mir die Hand, läuft allerdings im nächsten
Augenblick zum Nachbartisch und posaunt: „Ich habe den
Moegling geschlagen!"

Offensichtlich kann Jörg das Spiel nur über den Leistungsgedanken und das meßbare Ergebnis erleben. Schade. Er hat damit sich selbst, aber auch mich um das Zen in der Kunst des Tischtennis gebracht. Wie schön kann es sein, mit einem ähnlich gestimmten Spielpartner zu spielen — auch um Punkte. Die Bälle aus der eigenen Mitte heraus schlagen, anschneiden oder zurückschmettern. Die fördernde Atmosphäre, das stillschweigende Einverständnis gegenseitiger Akzeptanz und die Zufriedenheit mit der eigenen Person genießen können — auch wenn die Partie verloren geht. Gewinner eines solchen Spieles sind immer beide. Situationen spielerischer Konkurrenz, mit einem aufgeklärten Bewußtsein erfahren, bieten uns ein herrliches Selbsterleben in der Beziehung zu dem anderen, im Umgang mit den Spielgeräten und der äußeren Umgebung.

Jörg, Dein Tischtennisspiel — tut mir wirklich leid — ist so krank wie die Gesellschaft, die ein solches Streben im Sport mit allen Mitteln unterstützt ...

Stop! Merkst Du, wie Du sitzt?

Falls Du — was so oft der Fall ist — unmerklich eingesunken bist, richte Dich langsam wieder auf. Spürst du, wie Dein Atem sich wieder befreien kann? Wie erfrischend ist das Atmen in einer aufrechten Haltung! Ich glaube, ich werde diejenigen, die sich gerne zu einer gekrümmten Haltung verführen lassen, noch ab und zu daran erinnern, daß es besser ist, aufrecht zu lesen.

Erlöst Zen den Sportler von seinem Leiden?

Höchste Zeit zu erklären, was Zen ist! Geht das überhaupt? Zweifel sind angebracht. Zen ist praktischer Natur.

Worte sind nicht so wesentlich.

Daher verarschten die Zen-Meister so oft ihre Fragesteller. Da bekam der Fragesteller („Was ist Zen?") schon einmal eine Ohrfeige ab oder eine für ihn nicht verständliche Antwort vorgesetzt, um ihm die Begrenztheit von Worten und Logik auf eine praktische Art und Weise zu zeigen. Zen ist ...

> Es gibt einen Weg,
> den keiner geht,
> wenn Du ihn nicht gehst.
> Wege entstehen,
> indem wir sie gehen.
> Die vielen zugewachsenen,
> wartenden Wege
> von ungelebten Leben überwuchert.
> Es gibt einen Weg,
> den keiner geht,
> wenn Du ihn nicht gehst:
> es gibt Deinen Weg,
> ein Weg, der entsteht,
> wenn Du ihn gehst.
>
> Werner Sprenger,
> Gedichte zum Auswendiglernen

Zen ist: zu hören, zu sehen, zu schmecken, zu tasten und fühlen, manchmal auch denken, aber auf jeden Fall: sich bewegen. Daher ist der Sport auch so geeignet für Zen und umgekehrt. Sport ist Handeln in der Bewegung. Andererseits ist der Sport auch gerade nicht geeignet für Zen, denn es werden viele Worte um ihn gemacht. Manchmal ist er sogar mehr indirekte als direkte Erfahrung, mehr Entfremdung als inneres Wesen. Es kommt eben darauf an, *wie* einer Sport betreibt.

Zen ist Leben. Deswegen ist es auch gut, daß wir Zen im Sport suchen. In der Bewegung ist Leben. Toben, Tanzen, Springen, Laufen und Dehnen sind Ausdruck von Zen.

Andererseits ist die Bewegung auch völlig ungeeignet für Zen. Muß ich noch mehr Worte verlieren, Nun gut. Manche müssen stehen, sitzen oder liegen, um Zen zu machen. So hektisch sind wir. Erst die Ruhe gibt uns die Möglichkeit, etwas von uns zu erfahren. Bewegung wird erst helfen, wenn die Ruhe erfahren wurde. Aber es kann auch umgekehrt sein.

Muß ich diese Äußerung noch erklären? Nun gut. Nimm keine Dogmen an. Alles ist anders. Suche Deinen eigenen Weg. Das ist Zen.

Weißt Du immer noch nicht, was Zen mit Bewegung zu tun hat? Dann bewege Deine Hand hoch zu Deiner Nase und kneif einmal fest hinein. Das befreit. Frag mich nur nicht wovon. Zen macht Spaß. Lauf los beim Weiterlesen. (Entschuldige meine Arroganz; sie hat mir so viel Spaß gemacht und ist nicht böse gemeint, sondern hilfreich.)

Daisetz T. Suzukis Ausführungen zur Frage „Was ist Zen?" dürften auf jeden Fall hilfreich sein:

Zen „bezieht sich unmittelbar auf das Leben, bedarf nicht einmal des Begriffs einer Seele oder Gottes, oder irgendeines anderen vermittelnden Begriffs, der den natürlichen Fluß des Lebendigen stört. Zen versucht, das Leben zu ergreifen, so wie es fließt. Nichts Außergewöhnliches oder Geheimnisvolles liegt im Zen. Ich hebe meine Hand; ich nehme ein Buch von der anderen Seite des Schreibtisches; ich höre, wie die Knaben draußen vor meinem Fenster Ball spielen; ich sehe, wie die Wolken über die nahen Wälder hinziehen: mit alledem übe ich Zen aus, lebe ich Zen. Kein Wortgefecht ist notwendig, noch irgendeine Erläuterung. Ich weiß nicht warum — und es bedarf keiner Erklärung, aber wenn die Sonne aufgeht, so jauchzt die ganze Welt vor Freude, und alle Herzen sind von Seligkeit erfüllt. Ist Zen überhaupt begreiflich, so muß es von hier aus gefaßt werden."*)

Wenn das Leiden des Sportlers darin besteht, daß seine Bewegung veräußert und unter sozialen Zwang gestellt ist, dann könnte im Geiste des Zen ausgeübter Sport ihm helfen, sich von diesem Leiden zu befreien. Allerdings wird Zen nicht kommen und ihn erlösen. Es gibt einen Zen-Weg des Sports. Einen Weg, der entsteht, wenn Du ihn gehst ...

---

* Daisetz T. Suzuki, Die große Befreiung

Drei Geschichten zur Frage „Was ist Zen?"

Joshu (778 — 897) war einer der scharfsinnigsten Zen-Meister zur Zeit der Tang-Dynastie, und die Entwicklung des Zen in China hat ihm viel zu verdanken. Er soll noch umhergewandert sein, als er 80 Jahre alt war, und sein einziges Streben war, sich in der Meisterschaft des Zen zu vervollkommnen. Er starb in seinem 120. Lebensjahr. All seine Äußerungen waren wie blitzende Edelsteine. Es ging die Rede von ihm: „Sein Zen strahlt von seinen Lippen." Ein Mönch, der noch Novize war, kam zu ihm und bat darum, ihn im Zen zu unterrichten. Joshu sagte: „Hast du heute nicht gefrühstückt?"
Der Mönch erwiderte: „Ja, Herr, gerade eben habe ich gefrühstückt."
„Dann wasch deine Schalen!" Diese Bemerkung des Alten öffnete dem Novizen das Auge für die Wahrheit des Zen.

Ein Mönch fragte den Meister: „Es ist schon eine Zeitlang her, seit ich zu Euch kam, um über den heiligen Pfad des Buddha unterrichtet zu werden, aber ihr habt mir niemals auch nur einen Wink gegeben. Ich bitte Euch, habt mehr Mitgefühl mit mir." Darauf lautete die Antwort: „Was meinst du, mein Sohn? Jeden Morgen entbietest du mir deinen Gruß, habe ich ihn nicht erwidert? Brachtest du mir eine Schale Tee, habe ich sie nicht angenommen und mich nicht gefreut, als ich sie austrank? Welcherlei Unterricht wünschst du außerdem von mir?"

Die Mönche wünschten, ihr Meister Hyakujo möge ihnen eine Lehrstunde im Zen geben. Er sagte: „Helft beim Anbau des Bodens, und nachher will ich euch alles über Zen sagen." Nachdem sie die Arbeit getan hatten, baten sie den Meister, sein Versprechen, einzulösen, worauf dieser beide Arme ausbreitete, aber kein Wort sagte.
Das war seine große Lehrrede.

          Paul Reps, Ohne Worte — ohne Schweigen?

Zen, Sport und Meditation

Wenn der westliche Mensch an meditative Praktiken denkt, sieht er meistens einen kahlköpfigen Mönch vor Augen, der sich in tiefer Versenkung im Lotussitz niedergelassen hat. Die Meditation im Sitzen (Zazen) ist in der Tat eine vielfach angewandte und sehr verbreitete Art des Ruhig-Seins im Zen. Die Zen-Meister gaben ihren Schülern mit dem logischen Verstand nicht faßbare Sätze oder kleine Geschichten mit auf den Weg, über die diese dann während des Zazen nachdachten. So manche Generation bemühter Zen-Schüler biß sich die Zähne aus an Koans wie:

„Wenn einer weiß, was dieser Stab ist, ist sein Studium des Zen beendet."

Ein Mönch fragt einen Zen-Meister: „Was ist das Grundprinzip des Buddhismus?" Der Meister antwortet: „Der Zypressenbaum im Hof."
Oder:
„Hörst du das Klatschen der einen Hand?"

Nun aber zu glauben, daß das Zazen und die Koans die Substanz von Zen darstellen würden, wäre grundfalsch. Beides kann allenfalls als die pädagogische Bemühung des Meisters um seine Schüler verstanden werden, der ihnen eine Hilfe geben wollte — eine Hilfe zum Ausstieg aus einem systematisch verengten Denken, das dem Erleben von Zen im Wege steht.

Wenn man dies nicht begreift, war das Sitzen und ein Koan nicht viel wert. Dies hatten die Chinesen bereits sehr früh erkannt. Bereits ehe Zen seinen Einzug in Japan hielt, feierte es seine kreativste Epoche in China (7. — 9. Jahrhundert n. C.).

Die „Schule des Südens" oder „Schule des Ch'an" lehnte die Meditation im Sitzen als Voraussetzung des Zen-Erlebnisses ab. So formuliert Huei-Neng (638 — 713) polemisch:

„Lange Zeit in sitzender Haltung auszuharren, führt zu nichts anderem als einer Störung des Körpers ohne irgendeinen Nutzen für den Geist. Den Geist ruhig zu halten, um ihn in seiner Ruhe zu betrachten, ist keine Zendisziplin, sondern schafft eher Mißbehagen.
Lebendig bleibt man sitzen, ohne sich auszustrecken. Tot bleibt man ausgestreckt, ohne sich hinzusetzen. In beiden Fällen ist es nichts anderes als ein Haufen stinkender Knochen!
Was hat das mit der großen Schule des Lebens zu tun?"

Ein wohltuender Schlag ins Gesicht für alle Zen-Dogmatiker, die ihre Lebenserfüllung im Lotus-Sitz erwarten wollen.

Natürlich lohnt es sich immer wieder, sich zu einigen ruhigen Minuten hinzusetzen, die Hektik des Tages abzulegen und das Denken auslaufen zu lassen. Hierbei kann sicherlich auch ein Koan helfen. Dies ist eine gute Entspannungstechnik, die helfen kann, für Zen sensibel zu werden. Mehr aber auch nicht.

Das Wesen des Zen liegt nicht in der Askese — will man dem chinesischen Ursprung des Zen folgen — sondern in einer meditativen Lebenshaltung, die den Augenblick unter einer veränderten Erlebensperspektive in den Vordergrund rückt. Dieses Zen ist voller Lebendigkeit und Lebensfreude. Erst in der späteren Zeit und auch in der japanischen Version wurde diese Sinngebung allzu oft verschüttet zugunsten kodifizierter Dogmen und der Ausschließlichkeit mechanisierter Körperübungen. Wenn unter Meditation verstanden werden soll, mit dem höchsten Maß an möglicher Bewußtheit den Augenblick wahrzunehmen, dann können wir von einer Identität von Zen und Meditation sprechen.

Zen in der Kunst des Sports ist somit nichts anderes als das

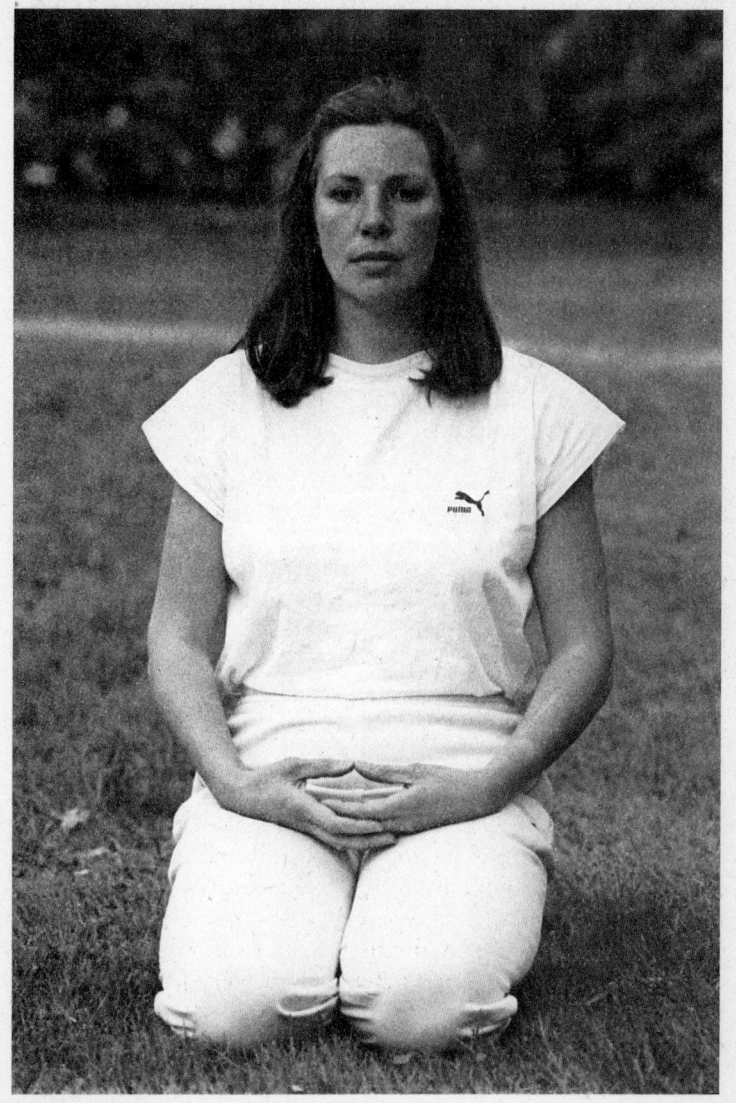

meditative Erleben im Sport. Doch was ist das? Was meint meditatives Erleben im Sport? Vielleicht kann ich es an den zehn Bildern des Ochsens – übertragen auf meine Biografie – verdeutlichen, ohne damit sagen zu wollen, daß es bei Dir – lieber Leser – auch so sein könnte.

Wie sitzt Du eigentlich im Moment?
Falls Du doch wieder in Dich zusammengesunken warst,
dann richte Dich mit jedem Einatmen ein paar Millimeter neu auf ...
Bis Du das Gefühl hast, aufrecht zu sitzen.
Dann schließe noch einmal die Augen
und nimm das Gefühl aufrechten Sitzens und befreiten Atmens tief in Dich auf.
Laß Dir Zeit hierfür.

Zehn Bilder des Ochsen oder die Suche nach der verlorengegangenen Bewegung

1 Die Suche nach dem Ochsen

Ich lief einmal
und fühlte, daß ich tanzte.
Nun hetze ich über das Spielfeld,
verfolgt vom Gegner und den Zuschauern.
Ich bin erschöpft
und möchte mich verkriechen.
Nie mehr bewegen.
Zigarettenqualm liegt in der Luft.
Wie gerne habe ich doch damals mich tanzend bewegt!

2 Das Entdecken der Fußstapfen

Wenn wir uns aufwärmen
und niemand schaut so genau hin,
macht mir die Bewegung mehr Spaß.
Doch weiß ich warum?
Merke ich überhaupt,
wie gern ich mich beim Aufwärmen bewege?
Das hier schon alles da sein kann
– versteckt hinter meinem ehrgeizigen Bemühen?
Manchmal meine ich es zu erahnen.

3 Das Wahrnehmen des Ochsen

Im höchsten Sprung,
im schnellsten Lauf,
aber auch im entspannten Auslaufen,
im lockeren Zuspiel,
da ist etwas,
was ich spüren kann.
Kein Trainer oder Zuschauer
soll es mir zerstören!
Ich bewege mich.
Die Bewegung beginnt in mir.

4 Das Einfangen des Ochsen

Sie wollen es nicht wahrhaben:
Ich will nicht mehr.
Sie rufen bei mir an,
bieten noch mehr Geld.
Setzen meine Gefühle unter Druck.
Ich schwanke, weiß aber,
daß ich nicht mehr anders kann.
Das Spiel ist aus.
Ich bin mir fast sicher.

5 Das Zähmen des Ochsens

Jetzt drängt mich auch mein Körper.
Die Knie schmerzen,
mein Atem gerät durcheinander,
das Herz weist mir den Weg.
Ich weiß nun auch mit meinem Verstand,
daß mein Körper nicht nur zum Leisten da ist.
Wie weitreichend sind doch
die Konsequenzen dieses einfachen Gedankens!

6 Das Heimreiten auf dem Ochsen

Um zu meiner Bewegung,
zu mir zurückzufinden,
entdecke ich viel Neues:
wie das autogene Training entspannt,
wie der Tanz vergessen läßt,
wie das Yoga dehnt,
wie das Tai Chi fließend bewegt.
Braucht der noch Worte,
der mich in meiner Bewegung sieht?

7 Der Ochse verschwindet

Irgendwann merke ich:
Die Bewegung hat keine Funktion mehr.
Sie kommt aus mir heraus
und ist da.
Es braucht keinen Gedanken,
keine besondere Aktion.
Zeit spielt keine Rolle mehr.
Sind 1, 2 oder 3 Stunden vergangen?
Ich bin zurückgekehrt.
Auch zurück zum Sport,
wenn er in Freiheit geschieht.

8 Ochse und Selbst verschwinden

Meditation in der Bewegung.
Leute im Park schauen mir zu.
Alles: Gedanken, Menschen, Natur
vereint sich in meiner Bewegung
und wird zum Nichts.
Ich bin unangreifbar,
ohne darauf Wert zu legen.
Wie könnte eine Schneeflocke
im wütenden Feuer bestehen?
Ich folge meinen Fußstapfen
aus der Abhängigkeit hinaus.

9 Das Erreichen der Quelle

Ich bin wieder da,
wo ich angefangen habe.
War alles umsonst?
Hätte ich da bleiben sollen,
wo ich herkam?
Hätte ich es doch nur gekonnt!
Alles war schon da
im kindlichen Tanz meines Laufens,
sogar im Robben meiner Vorwärtsbewegung,
im leeren Greifen der Babyhände.

10 In der Welt

Barfuß und mit nackter Brust
mische ich mich
unter die Menschen der Welt.
Warum soll ich das alles für mich behalten?
Ich schreibe und lehre über das Erlebte.
Ich brauche keine Magie,
um mein Leben zu verlängern;
jetzt, vor mir,
werden die toten Bäume
lebendig.

Selbsterfahrung und Satori im Sport

Die Wahrheit des Zen ist nichts Spektakuläres.
 Das Suchen nach dieser Wahrheit muß nicht in einem entfernt gelegenen Kulturkreis geschehen, sondern kann dort erfolgen, wo Du jetzt lebst, wo Du gerade bist. Die Wahrheit des Zen ist das, was in allen Dingen der Welt enthalten ist: In der ständigen Bewegung des gesamten Kosmos, der Bewegung eines Zweiges im Wind oder in der Bewegung Deiner Hände. Bitte lies einmal folgende Zeilen durch und beginne anschließend mit dem vorgeschlagenen Experiment:

> Nimm wieder eine aufrechte Sitzhaltung ein
> (falls Du sie verlassen haben solltest).
> Führe die Hände hoch auf die Höhe Deines Brustbeines.
> Balle sie beide zur Faust, ohne sehr viel Kraft einzusetzen.
> Öffne die Hände wieder, wenn Du einatmest.
> Schließe sie zur Faust, wenn Du ausatmest.
> Behalte diese Koordination von innerer und äußerer
> Bewegung bei.
> Deine Hände und Deine Lunge befinden sich in einem Takt.
> Laß Dich von diesem gleichmäßigen Rhythmus in einen
> anderen Zustand ziehen.

Lesepause – Zeit zum Experimentieren.

Und? Wie war es? Hat sich Deine Wahrnehmung etwas verändert? Hast Du gemerkt, wie Dein Blick, Deine Art zu schauen, anders wurde? Wie war das mit den Geräuschen? Hast Du eigentlich noch hingehört im eigentlichen Sinne oder waren die Geräusche einfach nur noch da? Wie gerne würde ich jetzt mit

Eine chinesische Allegorie erzählt,
wie ein Mönch sich auf eine lange Pilgerreise
begibt,
um Buddha zu finden.
Viele Jahre ist er auf der Suche,
und schließlich gelangt er in das Land,
in dem Buddha lebt.
Er überquert einen Fluß,
es ist ein breiter Fluß,
und blickt um sich,
während der Bootsmann ihn hinüberrudert.
Da schwimmt eine Leiche auf dem Wasser,
und sie kommt näher.
Der Mönch sieht hin.
Die Leiche ist so nahe,
daß er sie berühren kann.
Er erkennt die Leiche,
es ist seine eigene.
Der Mönch verliert seine Selbstbeherrschung
und beginnt zu wehklagen.
Da treibt er, tot.
Nichts bleibt zurück.
Alles, was er je gewesen ist, je gelernt, je
besessen hat, treibt an ihm vorbei, still und leblos,
in der trägen braunen Strömung des breiten
Flusses.
Das ist der erste Moment der Befreiung.

Janwillem van de Wetering,
Ein Blick ins Nichts

Dir reden! Satori ist allerdings etwas, daß keiner Worte bedarf. Mit einem Mal merkst Du, daß Du anders wahrnimmst als gewohnt.

Ganz gewöhnliche und banale Dinge des Alltags bekommen eine andere Farbe, einen veränderten Klang, einen neuen Geruch. Und Du kannst dies auf einmal wahrnehmen. Genauso geht es Dir mit der Bewegung. Befreist Du Dich von den normativen Zwängen, die Deine Bewegung überlagern, wirst Du vielleicht Bewegungen erleben, die aus Dir herauskommen und sich harmonisch in eine natürliche Umgebung einfügen.

Satori geht über den Begriff der Selbsterfahrung, wie er üblicherweise verwendet wird, hinaus. Satori meint die unbegrenzte, durch keine psychischen Ketten gefesselte Bewußtheit des Menschen, das Erreichen einer veränderten Sichtweise der Welt. Jeder Handgriff, jeder Stock oder jeder Windzug erhält eine andere, bewußtere Bedeutung. Das, was abgedrängt im Unterbewußtsein abgelagert wurde, kommt unerwartet wieder, vermischt sich mit unserem Bewußtsein, tritt in eine andere Wahrnehmung der Wirklichkeit ein.

Satori kann durch ein ganz banales Ereignis ausgelöst werden: Ich gehe durch den Hauptgang des Schulgebäudes auf den Klassenraum zu. Soviel Hektik auf einmal in diesem Moment. Auf dem Gang wimmeln die Schüler lärmend durcheinander. Ich habe durch die Reizüberflutung völlig die Konzentration für das, was mich erwartet, verloren.

Ich gehe auf die Klassentür zu, hinter der die Klasse lärmt. Ich führe meine Hand zur Türklinke. Der Weg der Hand erscheint mir auf einmal unendlich lang. Sie tritt eine Reise an und scheint nicht zum Ziel kommen zu wollen. Plötzlich stößt sie auf die Klinke. Sie fühlt sich anders an. Ich möchte sie gar nicht mehr loslassen. Die Tür springt auf, und ich betrete die Klasse, ohne das der Lärm mich erreichen könnte.

Satori kommt unerwartet. Ist auf einmal da. Im einfachen und ganz banalen Ereignis. Ein Geräusch, eine Berührung oder eine Bewegung zeigt plötzlich eine andere Qualität.

Ich bin am Abend noch einmal schwimmen gegangen. Warm war das Wasser der Nordsee. Der Wind hatte sich beruhigt. Ich schwimme intensiv, ohne viel Gedanken und in Frieden mit mir und dem, was um mich herum ist. Nach dem Schwimmen stehe ich am verlassenen Strand. Ich stehe wie versteinert. Ich kann mich nicht aus meiner Stellung lösen.

Die Ruhe und Verlassenheit des Strandes fesseln mich an meinen Platz. Aus der Ferne höre ich die Melodie einer Ziehharmonika herüberwehen. Sie dringt mir unvorbereitet tief in den Bauch ein.

Plötzlich taucht sich alles in eine hellere Farbe. Ich kann nichts mehr mit dem Blick fixieren. Alles wird weit und unendlich. Ich fühle mich darin aufgehoben. Der Himmel, das Meer, der Strand und ich sind eine Einheit, aus der die Möwen rufen.

Ich gehe wieder nach Hause zurück. Kein Dauerlauf ... Wahrnehmungsverzerrung oder Satori? Egal. Lernen können wir daraus: Es gibt etwas jenseits unserer bisherigen Erfahrungsmöglichkeiten, das auf uns wartet und ausgelöst werden kann.

Was das ist, und wie Du damit umgehst, ist Deine Angelegenheit. Da möchte ich mich nicht einmischen. Ich weiß auch nicht, wie *Du* Zen in der Kunst des Sports erleben kannst. Vermuten kann ich allerdings, daß es für meditatives Erleben im Sport günstige und weniger günstige Voraussetzungen geben kann. Wenig förderlich sind sicher ein übertriebener Ehrgeiz und eine mit sozialen Zwängen überlagerte sportliche Handlungssituation. In der freien Natur aber, ohne daß jemand eine Beaufsichtigung Deiner Bewegung versucht, hast Du — wenn Du locker genug bist — eine gute Chance, einen Zipfel des Satori zu erwischen. Wenn Du Dich allerdings hierauf krampfhaft fixierst, wirst Du dem meditativen Sport als ständiger Verlierer hinterherlaufen. Ich möchte an dieser Stelle von meinem Erleben in der sportlichen Bewegung erzählen. Ich habe dies versucht nachzuempfinden und aufgeschrieben.

Am Strand — meine Bewegung
ist die Sonne im Meer
und die Welle in mir.

Ich laufe über den Sand ins Wasser hinein.
Laufe und laufe.
Das kalte Wasser spritzt mir an den Schenkeln hoch,
an den Bauch, dann bis hoch zur Brust.
Mein Atem geht keuchend.
Ich schreie jauchzend auf und hechte nach vorn in die
Wellen.
Herrlich kalt! Der Atem geht schneller.
Allmählich gewöhnt sich mein Körper an die Kälte.
Ich schwimme in Richtung auf den entfernten Horizont.
Schwimme und schwimme.
Langsam wird die Kälte nicht mehr spürbar, der Atem läßt
nach.
Ich tauche, drehe mich um meine Längsachse,
mache Purzelbäume unter Wasser und
schnelle wie ein Delphin in die Wellen hinein.
Zeitlos, raumlos.
Einfach Lust in der Bewegung.

Erschöpft suche ich mit den Füßen den Grund, beginne, aus dem Wasser zu laufen. Der Wind erfaßt meinen Oberkörper und beginnt, ihn zu trocknen. Ich hole alles aus meinem Körper heraus, was an Energie noch drin ist, renne gegen den Widerstand des Wassers auf den Strand zu. Ich friere überhaupt nicht mehr.

Mir ist angenehm warm.

Ich laufe aus dem Wasser hinaus, laufe weiter, über die auslaufenden Wellen im Sand. Gerade in diesem Augenblick taucht die Sonne hinter den Wolken auf, und ich spüre ihre

Das kalte Wasser spritzt mir an den Schenkeln
hoch, an den Bauch, bis hoch zur Brust.
Jauchzend schreie ich auf.

In diesem Augenblick taucht die Sonne
hinter den Wolken auf ...

Wärme auf meiner sich trocknenden Haut. Der Wind treibt mich von hinten an und gibt mir das Gefühl kraftvoller Leichtigkeit. Ich fühle soviel Energie in mir!

> Ich laufe, bis meine Muskeln ermüden.
> Gehe eine Strecke und bleibe stehen.
> Lange genieße ich den Anblick der Sonne.
> Ich lasse den Blick unscharf und weitreichend werden.
> Trennungen heben sich auf.
> Der runde Horizont nähert sich meiner Mitte.

Aus dieser Stimmung heraus steigen die Arme hoch zum Sonnengruß. Ich dehne und strecke mich im sanften Yoga und atme intensiv zu den Bewegungsabläufen, die schon seit vielen Jahrhunderten von Menschen praktiziert werden. Gibt es eine bessere Gelegenheit als hier?

Mehrere Male wiederhole ich die Sequenz, aktiviere meinen Körper wieder, spüre den intensivierten Atem und dehne mich genießerisch in dieser wunderbaren Bewegungsfolge.

Mich überkommt eine unbändige Lust, Räder zu schlagen. Es ist ein Toben in einer Form, abgefedert durch den weichen Sand des Strandes. Erschöpft sinke ich in den von der Sonne erwärmten Sand. Hat sie meinen Gruß gehört?

Schwer werden meine Glieder. Ich schließe die Augen, höre nur noch das stetige Rauschen der Wellen und das entfernte Schreien der Möwen. Der Wind treibt Sand über meinen Körper. Mein Atem wird ruhiger, und ich fühle mich unendlich wohl.

Ich weiß nicht, wie lange ich da gelegen habe. Irgendwann stehe ich langsam auf und beginne, den Strand entlang zu wandern. Ich schaue mir auf meinem Weg das an, was das Meer an den Strand geworfen hat: Muscheln, Algen, Bretter, Krebse, Quallen und Federn. Ich gehe eine ganze Weile durch die auslaufenden Wellen. Die Sandkörner geben meinen Füßen eine sanfte Massage. Langsam nähere ich mich den Strandkörben. Angenehm klingt jetzt das, was vorher lästig wirkte.

Schön, wieder zurück zu sein.

Ich dehne und strecke mich im sanften Yoga.
Gibt es eine bessere Gelegenheit?

Üben als meditativer Weg — irgendwann trifft Dein Wurf Dich selbst.

Wozu üben wir in der Regel im Sport eine Technik?

Wir üben eine Technik, wie z. B. den Innenseitstoß im Fußball, den Knickwurf im Hallenhandball, den Aufschlag im Tennis, zielgerichtet. Über das oftmalige Wiederholen und Verbessern eines Bewegungsablaufes erhoffen wir uns eine Leistungssteigerung und eine Ergebnisverbesserung. Mit der Leistungssteigerung im Rahmen des sportlichen Wettkampfsystems sind verschiedene soziale Auswirkungen verbunden. Der Spieler erhält einen höheren Status in seiner Mannschaft, was sich in einer erweiterten Einsatzzeit im Spiel ausdrückt. Die Zuschauer erkennen den Leistungsfortschritt, applaudieren, die Presse hebt den Namen des Athleten hervor. Der professionelle Sportler läßt sich seine Leistungssteigerung materiell vergüten. Sein Marktwert ist gestiegen.

Üben im Sport ist also vor allem auf Erfolg und Belohnung aus. Ich schrieb „vor allem". Dies hat seinen Grund. Ich erinnere mich zurück.

Eine besondere Faszination lag für mich immer im Wurf auf den Basketballkorb. Sobald sich eine Gelegenheit ergab, übte ich den Korbwurf aus allen erdenklichen Positionen. Es war so komisch, manchmal traf ich 7, 8 Würfe direkt in den Korb hinein; ein anderes Mal war es mir fast unmöglich, aus der Distanz heraus einen Treffer zu erzielen. In den letzten Jahren erst wurde mir bewußt, wovon der gelungene Korbwurf abhing. Nämlich wenn es mir gelang, aus meinem Gefühl für das Bauchzentrum heraus zu werfen, dann hatte ich eine unwahrscheinlich hohe Trefferquote. Es existiert hierbei eine direkte

Verbindung aus der Mitte meines Körpers bis zu den Fingerspitzen hin, die den Basketball wegdrücken. Auf diese Weise übe ich über den Korbwurf immer wieder die Zentrierung auf meine Mitte und den Bewegungsvollzug aus meiner Mitte heraus. Der Stellenwert und die Bedeutung des Korberfolgs veränderten sich allmählich. Der Korbwurf wurde mehr und mehr zur Bewegungsmeditation und der Korberfolg ist vor allem Ausdruck erfolgter Zentrierung und zentrierter Bewegung.

Habt ihr schon einmal aus dieser Perspektive heraus den Korbwurf probiert? Habt ihr euch gemerkt, wovon eine Zentrierung abhängig ist? Wie die Zentrierung schwieriger wird, wenn jemand hinzutritt und zusieht, oder wenn Leistungserwartungen im Spiel stärker als sonst spürbar werden? Nehmt euch einmal die Zeit und die Aufmerksamkeit hierfür und experimentiert einmal in diesem Sinne. Ihr könnt hier Erstaunliches erleben.

Oder ein anderes Beispiel. Ich habe über ein Jahrzehnt immer wieder einen Spezialwurf im Hallenhandball von der Linksaußenposition geübt. Sicherlich mit der Absicht, in der Wettkampfsituation noch mehr Tore aus einem relativ spitzen Winkel heraus zu erzielen. Es gab damals nur sehr wenige Spieler, die den Absprung mit dem rechten Bein fast von der Außenlinie beherrschten, hoch hinauf in den Sprung steigen konnten, den rechten Wurfarm an der Hüfte vorbeischieben, den Ball von der linken in die rechte Hand wechseln und sicher verwandeln konnten. Ich hatte mir diese Wurftechnik von einem jugoslawischen Nationalspieler abgeschaut und brachte es auch zu einiger Perfektion. Ich übte jahraus, jahrein diese Wurftechnik und konnte sie auch unter schwierigsten Bedingungen in der Wettkampfsituation anwenden. Jede Einzelheit dieser Bewegung war mir vertraut. War die entsprechende Spielsituation gekommen, brauchte ich nicht nachzudenken, mich nicht extra konzentrieren. Die Bewegung vollzog sich. Doch abgesehen vom Wettkampfaspekt hatte diese Bewegung wohl noch eine andere Bedeutung für mich. Dies wird mir allerdings erst rückblickend bewußt. Diese Bewegung brachte mir Freude und Stabilität. Ich glaube, ich konnte mein Wesen in diese Bewegung des hohen Sprunges und eleganten Wurfs einbringen. Noch immer ist mir dieser Wurf eine tiefe Genugtuung. Hierbei spielt etwas eine Rolle, das sich nur umschreiben läßt. Die japanischen Zen-Bogenschützen beschreiben diesen Vorgang als ein „Sich-selbst-treffen". Der Bogenschütze trifft sein Ziel – ohne übrigens sonderlich hierauf zu achten – und spürt bereits beim Abschuß, daß er sich selbst getroffen hat. Ich empfinde dies beim Wurf auf den Basketballkorb oder beim Sprungwurf im Hallenhandball ähnlich:

Der Ball trifft haargenau sein Ziel, und bereits vorher habe ich ein Gefühl von Tiefe und Verbundenheit von außen und innen. Es ist solch eine sichere Erkenntnis da im Moment, wo der Ball die Hand verläßt, daß der Ball sein Ziel erreichen wird. Das Ziel war bereits in der Bewegung enthalten. Bewegungsabsicht, Bewegungsvollzug und Bewegungsziel verschmelzen ineinander und erhalten eine neue Qualität: Zen in der Kunst des Übens. Ich möchte noch ein drittes Beispiel meditativen Übens darstellen. Es gibt in den zu Bewegungsbildern ritualisierten Formen des Tai Chi Chuans eine Bewegungssequenz, die es mir besonders angetan hat. Das „Kniestreifen" („Brush Knee").

Ich übte diese Bewegung bereits mehrere Jahre, ohne daß sie mir besonders gegenüber den anderen Bewegungssequenzen aufgefallen wäre. Dann sah ich „Brush Knee" bei einer Chinesin. Sie hatte einen Stil des Knie-Streifens, wie ich ihn nie zuvor gesehen hatte. Bei mir machte es „Klick". Da streift nicht ein Mensch voller Absicht das Knie, sondern „es" streifte. Es geschah einfach.

Sie wurde meine Lehrerin. Jeden Tag übte ich nun diese bei ihr erblickte Bewegung.

Ich entdeckte die Subtilität der spiralförmigen Bewegungen der Hände; die Lockerheit im Schritt; die Dehnung des Armes

Tai Chi Chuan: Sich-Üben in der
Bewegungsqualität auslaufender Wellen

nach vorn und gleichzeitig den Rückzug des ganzen Körpers nach hinten. Ich lernte, die Bewegung aus meinem Bauchzentrum heraus fließen und den Atem zu meiner Bewegung passend frei werden zu lassen. Diese einzige Bewegung kann mir alles bedeuten, was das Tai Chi Chuan mir bieten kann.

Und ich merke, wie unterschiedlich sich diese Bewegung in Abhängigkeit zu meiner momentanen Befindlichkeit vollzieht. Manchmal will „Brush-Knee" überhaupt nicht gelingen. Nur die bewußte Kontrolle der Technik ermöglicht den Bewegungsvollzug. Oder während der Bewegung gleitet meine Aufmerksamkeit ab. Unmittelbar gibt mir die Bewegung eine Rückmeldung in Form einer „Zacke", eines Zitterns im Bewegungsablauf. Das „Knie-Streifen" ist ein unerbittlicher Lehrmeister. Es wirft Dich aus Deiner Bahn, wenn Du es nicht mit Deiner ganzen Aufmerksamkeit würdigst.

Ein anderes Mal merke ich: „Es" fließt. Die Hände und Arme sind federleicht, treiben von allein, öffnen und verändern sich, als ob sie ein Eigenleben entfalten. Dennoch ist die Verbindung zwischen Bauchzentrum und übrigem Körper hergestellt. Ich gehe auf in meiner Bewegung.

Ich trainiere nicht, sondern ich bin.

Hast Du das auch schon einmal erlebt? Beim Tennis vor der Mauer, bei der kreisenden Armbewegung des Golfschlags, beim Felgumschwung am Reck?

Alle Beispiele dürften deutlich gemacht haben: Üben kann mehr als zweckgerichtetes Training sein. Beim meditativen Übungserlebnis ist das Ziel nicht mehr so wichtig, sondern der Übungsweg wird aufgewertet. Der Weg ist das Ziel und das Ziel spielt nur insofern eine Rolle, als es Bestandteil des Weges ist.

Versuch einmal, die Dir vertrauten Übungen als Selbsterfahrung in einem erweiterten Sinne, als Experiment von innen und außen aufzufassen, ohne Absicht, absichtslos. Irgendwann wirst du „Es" begegnen.

Der Weg der ständigen Wiederholung bestimmter Bewegungspraktiken ist ein typischer Zen-Weg, so wie wir ihn

„Verstehen Sie jetzt", fragte mich einmal der Meister nach einem besonders guten Schuß, „was es bedeutet: ›Es‹ schießt, ›Es‹ trifft?" „Ich fürchte", erwiderte ich, „daß ich überhaupt nichts mehr verstehe, selbst das Einfachste wird verwirrt. Bin ich es, der den Bogen spannt, oder ist es der Bogen, der mich in höchste Spannung zieht? Bin ich es, der das Ziel trifft, oder trifft das Ziel mich? Ist das ›Es‹ in den Augen des Körpers geistig und in den Augen des Geistes körperlich — ist es beides oder keines von beiden? Dies alles: Bogen, Pfeil, Ziel und Ich verschlingen sich ineinander, daß ich sie nicht mehr trennen kann. Und selbst das Bedürfnis, zu trennen, ist verschwunden. Denn sobald ich den Bogen zur Hand nehme und schieße, ist alles so klar und eindeutig und so lächerlich einfach …"
„Jetzt eben", unterbrach mich da der Meister, „ist die Bogensehne mitten durch Sie hindurchgegangen."

Herrigel, Zen in der Kunst des Bogenschießens

besonders aus seiner japanischen Tradition her kennen. Möglicherweise hat sich bei vielen Sportlern etwas von diesem Charakter des Übens eingeschlichen und an Bedeutung für sie gewonnen, ohne daß es ihnen so recht bewußt wurde. Es wäre ansonsten schon sehr verwunderlich zu beobachten, wie Sportler immer wieder die gleichen Techniken aus einem tiefen Bedürfnis heraus wiederholend üben — auch über ihre Hochleistungszeit hinaus und unabhängig von konkreten Wettkampfambitionen.

Die größte Reduktion von äußerer Bewegung in einer Situation des Sich-Übens ist das meditative Sitzen — Zazen. Der Meditierende zentriert sich nur auf die innere Bewegung, z. B. auf seinen Atem. Die Kunst des Bogenschießens besteht bereits aus mehreren „einfachen" Bewegungsvollzügen. Das Yoga und noch mehr das Tai Chi Chuan oder die Katas eines meditativ begriffenen Aikido oder Karate stellen eine relativ komplizierte Herausforderung an das Koordinationsvermögen dar. In der Kunst des Schwertkampfes, sowie bei allen traditionellen fernöstlichen Kampfkünsten werden meditative Bewegungsvollzüge mit nicht vorauskalkulierbaren Situationen konfrontiert. Doch was ist mit Bewegungen, die komplexe Eigenschaften, nicht standardisierte Vollzüge haben, die aus der Kreativität des Augenblicks und der Improvisation leben, die sich in keine Form einbinden lassen wollen und immer wieder sich neu und anders entfalten? Kann darin auch Zen liegen? Oder ist die Zen-Erfahrung an traditionelle Bewegungsvollzüge und an Formalisierung gebunden?

Ich halte die traditionellen Meditationspraktiken für kluge, sorgfältig ausgearbeitete Wege aus der Zerstreuung und Veräußerung zur Zentrierung und Selbstfindung in einem erweiterten Sinne zu gelangen. Dahinter aber steht die Hoffnung — ohne es zur Absicht werden zu lassen — daß der Funken überspringt auf andere Lebensbereiche und ich denke, auch auf andere Bewegungsformen.

Und hierin liegt die ungeheure Chance für die Entwicklung

und Entfaltung einer neuen Synthetise der Bewegungskultur!
Wenn sich die Vielfalt der Körpererfahrungsgelegenheiten westlichen Sports mit der tiefen Bewußtheit östlicher Körpererfahrungskultur verbindet, kann etwas Neues entstehen, das über die einseitige Betonung des Leistungsprinzips bzw. des repetativ-meditativen Prinzips hinausgeht. Vielfalt ermöglicht die selbstbestimmte Auswahl der wesensgemäßen Bewegung; der dogmatische Zwang zu nur wenigen Formen gibt zwar dem Anfänger zunächst Sicherheit, aber das Beharren darauf verhindert die menschliche Entfaltung in der Bewegung bzw. trifft nur für wenige zu. Die Entbindung einer bunten, vielfältigen Bewegungskultur vom Konkurrenz- und Leistungsprinzip und die Hinwendung zu einer meditativen Handhabung von Bewegungsgelegenheiten weist uns den Weg in die einzuschlagende Richtung: Der Läufer lernt vom Tai Chi Chuan, das Tai Chi Chuan lernt von der Tanzimprovisation. Tanzt der Läufer oder läuft er? Der Basketballspieler lernt vom Zen-Bogenschützen; der Zen-Bogenschütze überträgt seine Wachheit auf die Bewegungsanforderungen im sportlichen Kontext. Das Tennis-Spiel wird endlich zu einer Situation spielerischer Konkurrenz, die wohltut und den Spieler nicht ärgerlich oder andersartig gestreßt entläßt.
Bekannte Bewegungsabläufe erhalten eine Zen-Qualität und suchen sich die geeigneten, befreiten Rahmenbedingungen ihrer Entfaltung.
Gymnastik wird zum grünen Yoga, weil der Körper sich so besser genießen läßt. Genug der Worte hierzu.

Laßt uns das Gesagte einmal direkt erfahren.
Bitte zieh Dir hierzu sportliche Kleidung (Trainingsanzug, Turnschuhe) an. Setz Dich an einen ruhigen Ort und nimm bitte eine möglichst aufrechte Sitzhaltung ein.
Lege Deine Hände in den Schoß, so daß die linke in der rechten Hand ruht und die aufgerichteten Daumen sich berühren. Öffne die Augen nur ein wenig und richte sie auf

einen festen Punkt, ungefähr einen Meter vor Dir.
Suche Dir ein Wort mit zwei Silben aus, das keinen Sinn ergibt.
Nun konzentriere Dich auf Deinen Atem.
Spür, wie Du ein- und ausatmest.
Wenn Du einatmest, sagst Du in Deiner Vorstellung die erste Silbe Deines Mantras; wenn Du ausatmest, stellst Du Dir die zweite Mantra-Silbe vor.
Laß so mehrere Minuten vergehen.
Ruhe und Leere wird bei Dir Einzug halten.
Steh auf, gehe in dieser Stimmung aus dem Haus und lauf los.
Nimm die klare Bewußtheit Deiner Mantra-Meditation mit in Deine Bewegung.
Laß alles um Dich herum geschehen und nimm es wahr, ohne zu werten.
Wenn Du merkst, daß Dein Gedankenkarussel wieder zu kreisen beginnt, kombiniere wieder in Deiner Vorstellung die Silben Deines Mantras mit dem Fließen Deines Atems.
Bis auch dies nicht mehr nötig ist.

Vielleicht erlebst Du so zum ersten Mal, daß Du nur läufst.

Aus dem Nichts wie Klänge aus der Stille

An diesem Punkt bleibt nichts anderes zu tun, als alles von selbst geschehen zu lassen.
Ansonsten gibt es nur das einfache Bewußtsein dessen, was vor sich geht:
Bäume draußen, Straßengeräusche, Selbstgespräche in Gedanken — der übliche kosmische Jazz.
Was da ist, ist da, und alles und jedes, einschließlich Gedächtnis und Erinnerung, ereignet sich hier und jetzt.
Es kommt aus dem Nichts wie die Klänge aus der Stille ...
Wer all dies verstanden hat, nimmt einfach wahr, was im Augenblick geschieht, und diesen Zustand können wir als Meditation oder besser Kontemplation bezeichnen ...
Kontemplation, diese spezielle „Übung" nach bestimmten Regeln ist folglich einfach die rituelle Freude an der tiefempfundenen Wahrnehmung dessen, was im Jetzt, kontinuierlich, von einem Augenblick zum anderen, geschieht.
In gleicher Weise ist der Gesellschaftstanz eine rituelle Form des wahren Tanzens, das das Tanzen beim Kochen oder das Tanzen mit der Feder beim Schreiben einschließt.
Darum ist es ganz und gar gegen den Geist einer solchen Kontemplation, sie mit finsterem Ernst durchzuführen, wie es in manchen Klöstern und religiösen Gemeinschaften geschieht, die im

Grunde nichts anderes sind als Schulen für Halbwüchsige, die kein wahres Interesse am kontemplativen Leben haben und dort wie einberufene Soldaten im Ritual gedrillt werden. Kinder sollten unter keinen Umständen gezwungen werden, an derlei Übungen teilzunehmen, wie man ja auch im Traum nicht daran denken würde, sie zum Geschlechtsverkehr zu drängen.

Ebenso absurd ist es, wenn wir uns selbst in einem solchen Ritual wie Kinder behandeln und uns die anstrengendsten Übungen auferlegen, weil wir denken, sie würden uns guttun.

Das Gute an der Kontemplation ist die Kontemplation selbst – und nicht der Erfolg, den man sich davon verspricht ...

Vielleicht wird man auch erstaunlich sensibel für die unausgesprochenen Gedanken und Intentionen anderer oder erlangt eine bemerkenswerte geistige Klarheit und Erinnerungsfähigkeit, aber das sind keine Anzeichen für den „Fortschritt" in der Kontemplation, denn sobald man nach Erfolgen strebt, kontempliert man nicht mehr.

Es kommt bei der rituellen Kontemplation zu ähnlichen Verlockungen wie in der Musik, wenn man ein Instrument nur spielt, um sich selbst oder anderen bei einem Wettstreit sein Können zu beweisen, statt einfach aus Freude an der Musik zu musizieren.

     Alan W. Watts,
     Offene Weite – nichts von heilig

Zen über 57 Sekunden
Zum Verhältnis von Konkurrenz, Leistung und Meditation im Sport

Wenn ich im bisherigen Verlauf meiner Ausführungen vom Konkurrenz- und Leistungsprinzip im Sport gesprochen habe, meinte ich hiermit die Durchgängigkeit beider miteinander gekoppelter Prinzipien und deren Priorität in sportlichen Handlungssituationen. Dies bedeutet, daß beispielsweise ein Spieler in der Volleyballmannschaft, die sich am Konkurrenz- und Leistungsprinzip orientiert, aus dem Spiel herausgenommen wird bzw. erst gar nicht auf das Spielfeld gelassen wird, wenn er andere Sinnorientierungen im Sport verfolgt. Es liegt eine zwingende Verhaltensnorm vor, deren Steuerungsfunktion die sportlichen Handlungen bis in ihre feinste Struktur durchdringt. Abweichendes Verhalten wird nicht geduldet und führt letztlich zum Ausschluß aus der Gruppe.

Das Konkurrenz- und Leistungsprinzip herrscht besonders stark ausgeprägt im Hochleistungssport vor. Dort, wo Ehrgeiz, Überbietungsstreben, Geld, Leistungsdruck und Eitelkeit vorherrschen, ist meditatives Erleben nur schwer möglich. Dies soll nicht heißen, daß Leistung und Konkurrenz grundsätzlich im Gegensatz zu einer meditativen Erlebnisqualität stehen müssen. Überall, wo z. B. Sportspiele in einem freien Rahmen mit über dem Spaß am Spiel befreiten Menschen betrieben werden, kann Zen in das Spiel einkehren. Wenn Du Dich selbst im Eifer des Spieles vergißt und dennoch intensive Erfahrungen machst; wenn die Zeit im Spiel vergeht und Du merkst es nicht; wenn da etwas ist in der spielerischen Beziehung zu Deinen Spielpartnern, was Dich tief mit ihnen verbindet (auch wenn Du formal gegen sie spielst) — dann kann Satori im Fußball, Handball, Basketball, Volleyball ... eintreten.

Deine Bewegungen im Spiel kommen aus Dir heraus und sind anmutig leicht, Dein Abspiel zum Mitspieler wird zum Gruß an ihn, der Rhythmus Deiner Schritte trommelt Dir ein Lied, Du flirtest mit Deinem Gegenspieler, Dein Atem hebt die Trennung von Dir und der Welt auf.

Wißt ihr, was ich meine?

Habt ihr das schon einmal erlebt?

Ich erlebe dies bei mir — und auch bei anderen — immer wieder, wenn niemand uns sagt, was wir zu erreichen haben, wenn niemand uns Beifall klatscht und bewerten will, wenn niemand unseren Rhythmus mit einer Schiedsrichterpfeife zerstört, wenn wir ähnlich gestimmte Menschen im Spiel sind.

Dies soll nicht heißen, daß wir uns im Spiel nicht anstrengen wollen. Die körperliche Aktivierung läßt uns unseren Körper intensiv fühlen. Der gelungene Täuschungsschritt ist oftmals Ausdruck eines guten Zuspiels von meinem Mitspieler und einer technisch richtig erlebten Bewegung. Das Bestreben, ein Tor zu erzielen oder zu verhindern, nimmt unsere spielerische Konkurrenz ernst. Das geschickte Einsetzen meines Mitspielers über einen gelungenen Paß gibt uns beiden eine gute Erfahrung.

Letztlich kommt es darauf an, ob ich Leistung und Konkurrenz als Teil meines meditativen Erlebens begreifen kann, oder ob ich von ihnen im Sinne der Rekordsucht abhängig bin.

Ich höre noch heute die euphorischen Worte des Sprechers in meinen Ohren: „Weltrekord! Weltrekord! Er ist der erste Mensch, der diese Strecke unter 57 Sekunden geschwommen ist!" Na und? Nichts hat sich dadurch verändert. Und dennoch atmen viele Menschen beim Erleben dieser Situation tief durch. Wie lächerlich das ist.

Da trainiert einer fast sein Leben lang, um eine abgemessene

Strecke in einer möglichst kurzen Zeit zu durchschwimmen. Totale Abhängigkeit und Fixierung auf Zeit und Raum.

Zen geht über solche Nichtigkeiten hinaus. Zen interessiert keine Rekorde und Sensationen, sondern das Einfache und Alltägliche, das jedem möglich sein könnte. Zen in der Kunst des Sports sind Rekordzeiten, -weiten, -höhen oder andere Ergebnisse gleichgültig.

Es ist sicherlich ein Fortschritt, die Orientierung an den Leistungserwartungen anderer mehr und mehr aufzugeben und eigene Leistungsnormen zu entwickeln. In diesem Sinne ist es ein gutes Erlebnis, wenn der Diskus oder der Speer etwas weiter fliegt als vorher. Es ist ein Erfolgserlebnis, das sich der einzelne Sportler selbst zuschreiben kann. Die Ermittlung der eigenen Leistungsgrenzen bietet dem Sportler Gelegenheit zur Selbsterfahrung — allerdings in einem eingeschränkten Sinne, vermittelt über die Anerkennung des Leistungsprinzips. Du fühlst Dich wohl, bist mit Dir zufrieden, wenn Du weiter wirst als vorher. Merkst Du, wie Du Deine Erfahrung einschränkst und begrenzt?

Wenn Dir der Rekord so wichtig ist, frag Dich einmal: warum? Und überleg Dir, was die Orientierung an der persönlichen Bestleistung im Sport Dir alles verbaut.

Laß einmal zu, daß Du ganz bei Deiner Bewegung bist — unabhängig vom Erfolg. Genieß die Vordehnung Deines Wurfarms beim Speerwurf, den tanzenden Rhythmus Deiner Schritte, die rasante Beschleunigung und den im eleganten Bogen fliegenden Speer. Vielleicht erlebst Du einmal, daß Du ihn auf seiner Reise begleitest und fliegst und fliegst und fliegst — absichtslos, unabhängig von Zeit und Raum.

Und zum Abschluß dieses Kapitels noch einen Koan für Dich:

Der Speerwerfer fliegt durch die Luft
und der Speer federt den Schwung seines Anlaufes ab.

Anspannung und Entspannung — Yin und Yang im Sport

„Und er hat doch jeden Morgen vor der Arbeit eine Stunde Tennis gespielt!" So wundert sich die Bekannte eines fünfzigjährigen Managers, der auf der Straße mit einem Mal tot umfiel. Herzinfarkt. Auch andere Beispiele sind mir bekannt von (ausschließlich) Männern, die viel zu früh starben, obwohl sie regelmäßig schwammen oder joggten. Sport treiben ist offensichtlich noch keine Versicherung gegen die Zerstörung und den Kollaps des menschlichen Körpers. Fragt man etwas genauer nach, unter welchen Lebensbedingungen so jemand gelebt hat und wie er seinen Sport betrieben hat, so findet man oft Entsprechungen zwischen der Art und Weise dieses Menschen zu arbeiten und Sport zu treiben. Er zeigt im Sport ein arbeitfortsetzendes Verhalten. Ein solcher Sportler macht zwar einen trainierten Eindruck, erhöht aber über sein angespanntes Verhalten seine Anfälligkeit für psychosomatische Störungen und Erkrankungen.

Ich habe fünf Jahre neben einem Tennisplatz gewohnt. Täglich konnten wir zur Zeit der Saison das Fluchen und Schreien der gestreßten Männer hören. Ihre ganze Anspannung fand ihren Ausdruck in diesen unzufriedenen, gehetzten Tönen. Ein Mensch, der derart unter Leistungsansprüchen im Sport steht, kann sich einfach nicht über seine sportliche Aktivität erholen. Ständig begegnen mir auf meinen Spaziergängen oder Waldläufen Sportler mit keuchendem Atem, einer verspannten Laufhaltung und ihr Leiden mit deutlicher Handschrift in ihren Gesichtern geschrieben. Sie können mir wirklich leid tun, denn nach der zeitgeleiteten Absolvierung ihres Laufpensums erwarten sie in der Regel die nächsten Anspannungssituationen.

Die Anspannung beim Sprungwurf ist
dem Gesicht des Spielers abzulesen

In der Ausbildung von Trainern werden die Lehrgangsteilnehmer zwar in Fragen psychovegetativer Anspannung und Entspannung unterrichtet. Allerdings unter einem wenig menschenfreundlichen Aspekt. Es wird nicht gefragt: Welches Verhältnis von An- und Entspannung ist gesund für den Menschen, und wie kann ich es über den Sport begünstigen? Sondern es wird gefragt: Wie schaffe ich es, den optimalen Erregungszustand im Menschen zu provozieren, der ihn zur Höchstleistung in der sportlichen Konkurrenzsituation befähigt?

Tai Chi Chuan hat einen anderen Tonus

Dem Trainer werden psychoregulative Methoden und Tips an die Hand gegeben, wie er den geeigneten „Vorstartzustand" beim Sportler erzielen kann. Dieser Zustand wird für die meisten Sportdisziplinen als eine psychovegetative Verfassung festgelegt, die durch ein funktionales Maß an Gereiztheit und Aggressivität gekennzeichnet ist. Eine ruhige Ausgeglichenheit und Lockerheit in der psychischen Verfassung wird als leistungsmindernd angesehen. Wie also läßt sich die sympathische Reaktion des vegetativen Nervensystems beim Sportler aktivieren? Viele Sportler vollziehen bereits selbständig diesen Prozeß und versetzen sich selbst in einen inneren Alarmzustand. Doch wenn der Trainer bemerkt, daß es seinen Sportlern an dieser sogenannten „intrinsischen Motivation" mangelt, muß er schon in seine Trickkiste greifen.

Ich habe dies über viele Jahre in Handballmannschaften so erlebt, daß wir entweder in Konkurrenz zueinander gesetzt wurden oder uns Angst eingeflößt wurde. Dies hatten wir auszuhalten, ansonsten drohte das Ettikett „Achtung wettkampflabil!" Wie oft versuchten die Trainer – und dies auch oftmals mit Erfolg – uns zu manipulieren: „Nehmt das Spiel nicht auf die leichte Schulter! Unser Gegner hat im letzten Serienspiel den Spitzenreiter in arge Bedrängnis gebracht. Besonders die Rückraumspieler sind im Angriff Mann gegen Mann gefährlich.

Packt zu! Wenn jemand an euch vorbeiziehen will, dann müßt ihr ihn Mann gegen Mann bekämpfen. Ich will keinen von euch erleben, der seinen Gegenspieler ohne eine gehörige Tracht Prügel an sich vorbei spazieren läßt. Auf der Bank sitzen genügend Spieler, die es besser machen wollen."

Nimmt der Sport derart kämpferische Interaktionsformen an, so ist ein ausbalanciertes Verhältnis von Anspannung und Entspannung wohl nicht gefragt. Doch dies stellt besonders für diejenigen eine massive Überforderung dar, die sowohl in ihrer Arbeitswelt als auch im Freizeitbereich ein Vorherrschen anspannender, streßender Verhaltensweisen erleben und sich diesen nicht entziehen können. Doch nach welchen Prinzipien sollte das Verhältnis von Anspannung und Entspannung im Leben — und auch im Sport — gestaltet werden?

Die traditionelle chinesische Philosophie hat uns hierfür ein geeignetes Denkmodell gegeben — das Modell von „Yin und Yang".

Yin und Yang kennzeichnen polare Seinszustände, die ständig im Fluß sind und sich gegenseitig ergänzen. Übertragen auf unsere Fragestellung meint Yin die Entspannungsreaktion des Körpers (Parasympathische Reaktion) und Yang den Anspannungsimpuls (Sympathische Reaktion). In einem gesunden Leben führen die Impulse des Anspannungs- und des Erholungsnervs zu einer ausgeglichenen Bilanz. Yin und Yang sind miteinander in Harmonie. Ist Yang aktiviert, pulsiert immer noch im Hintergrund Yin. Yin fordert nach einiger Zeit ihr Recht und verstärkt ihre Aktivität. Der gesunde Mensch nimmt die Yin-Signale wahr und nimmt seine Yang-Aktivität zurück, ohne sie gänzlich verschwinden zu lassen. Das ungestörte Wechselspiel zwischen Yin und Yang im menschlichen Körper ist die Voraussetzung für den gesunden Spannungszustand jedes einzelnen Menschen. Doch über die soziokulturelle Entgleisung unseres An- und Entspannungsverhaltens im Rahmen von Arbeits- und Freizeitstrukturen kommt es zu einer krankhaften Veränderung, zu einer schrittweisen Zerstörung unseres Körpers. Der Sport — wie er nur allzuoft betrieben wird — macht hier keine Ausnahme. Im Gegenteil. Ein Mensch muß schon ein gerütteltes Maß an Selbstbewußtsein und Selbstverantwortlichkeit besitzen, wenn er sich der einseitigen Normierung seiner Bewegungsmöglichkeiten entziehen will. Unser Sportvereinssystem und — mit Ausnahmen — auch der Schulsport haben sich für eine Interpretation der geläufigen Sportformen enschieden, die auf ein Übermaß an Anspannung gegründet ist. Ein allzu entspanntes Verhalten wirkt geradezu verdächtig. Jemand wird zur „Flasche", zum „Traumtänzer", zum „Leistungsverweigerer" oder zum „schlechten Schüler".

Es gibt zwar auch in den gängigen Institutionen ausgezeichnete Ansätze, dennoch herrscht dort tendenziell ein Sportgeist vor, der den angespannten und aggressiven Wettkampfsport favorisiert. Dies ist wohl auch ein Grund, warum soviel Jugendliche keinen Bock mehr auf den Sport dieser Institutionen haben, den Sportverein verlassen bzw. den Schulsport schwänzen, wo sie nur können. Viele Jugendliche und Erwachsene sind auf der Suche nach Anregungen zu einem Sport, der ihnen einen wesensgemäßen Tonus aufbauen hilft und sie nicht auf ein ungewolltes Anspannungsniveau hin manipuliert. Selbst wenn jemand ein Unbehagen an dem zu stark ausgeprägten Yang in der westlichen Bewegungskultur empfindet, so ist es für ihn nicht immer sogleich möglich, Yin und Yang in Harmonie zueinander zu setzen. Sein Körper und sein Körpergefühl sind durch viele Jahre lebensgeschichtlicher Prägung gegangen und brauchen verständnisvolle Anregung und Zeit zur Regenerierung.

Eine über lange Zeit durchgehaltene übermäßige Anspannung im Leben hinterläßt ihre Spuren im Körper. Ungenügende Entspannungsmöglichkeiten führen zu muskulären Verspannungen und im Gefolge hiervon u. a. zu Schäden im Knochensystem. Geschulte Körpertherapeuten können aus der Haltung und der Bewegung eines Menschen Wesentliches über seine Lebensgeschichte und Charaktereigenschaften aussagen. Am Beispiel des weitverbreiteten Erscheinungsbildes des Hohlrundrückens läßt sich dies verdeutlichen. Mit dieser Haltungsdeformierung geht oftmals eine psychische Bereitschaft des Menschen einher, sich auf Belastungssituationen, auf gesellschaftlich herangetragene Anforderungen nur allzuleicht einzulassen.

Die Umwelt erhöht in diesem Menschen den allgemeinen Spannungszustand, was sich in seinem Körpergewebe als Verspannung niederschlägt. Es kommt u. a. zur Muskelpanzerung im Nacken-, Schulterbereich und im unteren Teil des Rückens mit allen ihren negativen Auswirkungen für die Biegung der

Wirbelsäule. Verspannte Muskeln können ihre elastische Funktion nicht mehr ausreichend wahrnehmen und das Skelettsystem wird stärker belastet, als es dies ohne eine strukturelle Veränderung aushalten kann. Die Wirbelsäule sinkt in sich zusammen, verstärkt ihre kyphotischen Schwingungen im Schulterbereich und ihre lordotische Ausprägung der Lendenwirbelstruktur. Hiermit sind wiederum andere negative körperliche Wirkungsweisen verbunden. Es kommt zu Pressungen und Schmerzen im Wirbelsäulenbereich bis zum Bandscheibenvorfall und der völligen Deformation der Wirbelkörperanordnung. Im Zuge des Einsinkens der Wirbelsäule und der sie verursachenden und begleitenden muskulären Umbildungen kommt es des weiteren zur Bedrohung der Funktionstüchtigkeit weiterer wichtiger Organe. So wird Herz und Lunge der notwendige Raum genommen, um frei arbeiten zu können. Es kommt häufig zu Herzstichen und dem Gefühl der Atembeklemmung. Dies sind deutlich wahrnehmbare Signale des Körpers, der sich nicht länger von außen vereinnahmen lassen möchte und auf seine Weise zu einer Lebensstiländerung mahnt. Erfolgt dennoch über einen längeren Zeitraum keine Verhaltensveränderung tritt auch hier der Zusammenbruch des Systems, z. B. über den Herzinfarkt, ein.

Ebenso wird es deutlich, daß eine Wechselwirkung zwischen Lebensumständen/Umwelt, psychischen Faktoren und körperlichen Befinden vorliegt, wenn man sich die Umkehrung dieser Verkettung lebensgeschichtlicher Katastrophen vorstellt. Ein Mensch, der seine Atemräume nicht ausnutzt, dessen Herz nicht mehr frei arbeiten kann, erfährt eine Minderversorgung seiner Herzkreislaufgefäße mit Blut und somit mit den zu transportierenden Nährstoffen bzw. einen verminderten Abtransport der Abfallprodukte des Stoffwechsels. Mit der Minderversorgung und -entsorgung des Körpers stellt sich ein allgemeiner Energieverlust ein, der diesen Menschen auf ein sehr niedriges lebensenergetisches Niveau absinken läßt. Dies wiederum verhindert, daß der betroffene Mensch sich gegen unangemessene Anforderungen der Umwelt zur Wehr setzen kann. Er besitzt noch weniger Widerstandskraft gegen krankmachende Verhältnisse und wird noch kränker. Sein innerer Spannungszustand wächst weiter an. Die Balance von Yin und Yang wird weiter zerstört. Seine Muskelpanzerung verstärkt sich, das Rückrat verbiegt sich noch mehr, die Organe werden immer mehr beeinträchtigt − bis zum bitteren Ende.

Ein Mensch, der im Laufe seines Lebens ein Körperbewußtsein entwickelt, das sensibel und hellwach ist, ist nicht so leicht in eine derartige Verkettung von gesellschaftlicher Kaputtheit und psychosomatischer Erkrankung zu zwingen. Wer gelernt hat, auf seine Körpersignale zu hören, wird rechtzeitig von seinem Körper Hinweise für ein gesundes Leben empfangen − auch Hinweise für einen Sport, der seinem Körper guttut.

Zen in der Kunst des Sports verzichtet auf einseitige Spannungszustände, sondern versucht Yin und Yang im harmonischen Wechselspiel zu halten. Wenn der Körper sich entspannen will, wenn die Muskelspindeln Entspannung signalisieren, lassen wir auch die parasympathische Reaktion zu ihrem Recht kommen. Wir hören auf zu laufen, zu schwimmen, zu spielen bzw. schalten einen Gang zurück. Dies heißt nicht, daß wir auf Anspannung verzichten sollen, sondern meint, daß die Anspannung solange gut ist, wie sie Spaß macht und mit körperlichem Wohlbefinden verbunden ist.

Im Sport sich austobend verwirklichen, aber auch zum richtigen Zeitpunkt in die Entspannung übergehen können, ist eine grundlegende Voraussetzung für Zen in der Kunst des Sports. Zen würde niemals versuchen, die Harmonie von Yin und Yang zu stören, einseitig nur einen Pol zu unterstützen. Zen tut dies nicht; wir Menschen sind es, die dies verursachen, die sich über die natürlichen Lebensgesetze hinwegsetzen.

Doch liegt in der gewissermaßen künstlichen Herabsenkung unseres Spannungszustandes über den Sport nicht auch die

Gefahr, daß die Kraft verloren geht, die sich gegen die spannungsverursachenden Zustände wenden könnte? Schaffen wir mit einem sanften Sport nicht den entspannten Menschen, dem die Wut genommen wird, die er zur Beseitigung krankmachender Strukturen braucht?

Ich möchte zunächst noch ein zweites Gedicht von Werner Sprenger (Seite 65 – 67) hier zum Bedenken geben, das diesen fatalen Zusammenhang anspricht.

Vieles, was in diesem eindrucksvollen Gedicht von Werner Sprenger angesprochen wird, ist richtig UND dennoch: Was ist, wenn ein Mensch vor übermäßiger innerer Anspannung keine Luft mehr bekommt, wenn ein Mensch aufgrund seines übermächtigen Spannungszustandes einfach nicht in der Lage ist, seine angestauten Energien sinnvoll gegen seine Verhältnisse zu wenden? Ist es dann nicht zunächst einmal besser, ihm zu helfen, sich zu entspannen, Spannung abzubauen, einen Spannungszustand zu schaffen, der ihn nicht zerstört? Vielleicht gewinnt er gerade hierdurch die Kraft, sich gegen seine spannungsverursachenden Lebensverhältnisse zu wenden. Vielleicht hemmt ihn dann nicht mehr die Angst, daß seine Anspannung sich wie eine Explosion entladen und auch das zerstören wird, was ihm liebens- und lebenswert ist.

In diesem Sinne finde ich es doch gut, wenn ein sanfter Sport uns hilft, den für uns gesunden Tonus zu finden.

Dies meint auf keinen Fall ein Absinken auf ein Niveau, das durch Gleichgültigkeit und Passivität gekennzeichnet ist. Dies meint die Entwicklung einer gesunden Spannkraft, mit der wir selbstbestimmter im Leben aktiv werden können als mit einem übermäßigen Spannungsblock. Und wenn jemand anderen auf diesem Wege hilft – lieber Werner Sprenger – dann gönne ich ihm auch ein Honorar für diese Tätigkeit. Nicht gönne ich es ihm – und da sind wir uns wohl einig – wenn er zum bezahlten Psycho-Agenten wird, der den Betroffenen im Interesse der über ihn Herrschenden ruhigstellt. Die Ausgeglichenheit von Yin und Yang meint eben, daß beides da sein soll:

„Ich bin ganz ruhig"
(unbedingt laut lesen!)

1
Ruhig werden, ganz ruhig.
Ruhig sein, ganz ruhig.
Ruhig bleiben, ganz ruhig.
Ganz ruhig, ganz ruhig. DENN:

2
DENN unruhig ist diese Welt,
so unruhig. UND
jeden Tag sehen wir was
(wenn wir auch noch so gut wegsehen)
UND jeden Tag hören wir was
(auch wenn wir noch so gut weghören)
und denken uns was dabei,
was wir sehen und hören.
(DENN der Mensch kann nicht denken.)
Und dabei vergeht uns
Sehen, Hören und Denken.

3
Psychologen wollen uns die Unruhe abnehmen,
bieten uns ihre Ruhe-Ruhe-Kurse an:
Es genügt, versichern sie ruhig,
abschalten zu lernen,
sich entspannen zu lernen,
um ruhig zu werden,
ruhig, ganz ruhig:
ganzganz ruhig.

4
Ruhe Du sanft in so unruhiger Zeit.
Werde sorglos in so sorgenvoller Zeit.
Bleib Du fröhlich in so unfröhlicher Zeit.
(So lautet die Ruhe-Macher-Botschaft
der Ruhe-Macher aller Richtungen.)

5
Und wie geht das?
Ganz einfach geht das.
Es genügt, es genügt,
einen ihrer teuren Kurse zu besuchen. UND
sie nehmen Dir Deine Unruhe ab. UND
sie nehmen Dir Deine Sorgen ab. UND
sie nehmen Dir kräftig Dein Geld ab. UND
sie nehmen Dir Deine Gedanken ab.
(Denken ist schlecht. Fühlen ist gut.)

6
ich, ich will aber nicht,
will nicht ruhig werden, ganz ruhig
in so unruhiger Zeit und sorglos
im Jetzt sein und bleiben
in so sorgenvoller Zeit.

7
Unruhig will ich sein,
unruhig in unruhiger Zeit.
Empören will ich mich, aufbegehren,
zum Beispiel darüber empören,
daß so wenige so viel verdienen UND
so viele so wenig UND

daß alten und behinderten Menschen das Leben
gewährt wird wie ein Almosen UND
daß in jeder Stunde 3000 Menschen verhungern
UND
daß die kapitalistische Profitwirtschaft
als freie Marktwirtschaft ausgegeben wird.
UND daß diejenigen, die
nicht mit Geld bezahlen können,
MIT DEM LEBEN BEZAHLEN MÜSSEN.
Und daß die häufig zitierte Demokratie
untergeht im satten Gelächter der Mächtigen.
Und daß wir zwischen A- und H-Bomben leben,
leben als ob das Friede wäre. UND
undundundund UND
dabei soll ich ruhig bleiben?
Nein!
Verrückt müßte ich sein,
wenn ich das wollte.

8
Der gewaltige Verdrängungsaufwand
für diese Ruhe ist mir,
offen gesagt, zu groß, zu gefährlich.
ich will lieber unruhig bleiben UND
meine Ängste und meine Sorgen zulassen UND
lieber die Ursachen meiner Ängste verändern als
ruhigruhig zu werden.

aus: Gedichte zum Auswendiglernen

Empörung und Beruhigung
Anstrengung und Entspannung
Aufbegehren und Sich-In-Sinnvolles-Einfügen

In Harmonie mit seinem Zeitalter leben, heißt eben nicht, sich scheinharmonisch anzupassen, sich zu unterwerfen, sondern erfordert die Harmonie von Yin *und* Yang in allen Lebensbereichen. Eine Bewegungskultur darf hiervon nicht ausgenommen werden. Und es ist auch längst kein Geheimnis mehr, wie man in seiner Bewegung in Harmonie mit den ursprünglichen Prinzipien innerer und äußerer Natur leben kann. In allen fernöstlichen Kulturen gab es bereits seit Jahrhunderten und zum Teil seit über tausend Jahren Bewegungssysteme, die auf die Ausgeglichenheit von Anspannung und Entspannung großen Wert legten. Wir können uns diese Praktiken aneignen und mit unseren Bewegungsformen vermischen, wenn wir bereit sind, unsere kulturelle Identität etwas für die Sinngebungen anderer Völker zu öffnen. Genauso wie wir das Erhaltenswerte an unserer westlichen Kultur festhalten und zu einer Synthese mit den kulturellen Errungenschaften anderer Völker finden lassen, können wir dies ebenso mit westlichen und fernöstlichen Bewegungskulturen vollziehen. Schwimmen und Yoga, Laufen und Tai Chi Chuan, Tanzen und Kum Nye sind nur einige Bewegungspaarungen, die zur Synthese finden können.

Auf den folgenden Seiten sollen nun Einführungen in drei Bewegungssysteme – aus dem Tai Chi Chuan, dem Yoga und der Partnermassage – gegeben werden, von deren Bewegungsprinzipien und der damit verbundenen geistigen Haltung westliche Bewegungskultur eine Menge lernen könnte.

Nimm beide Bewegungsbeispiele auch als Einladung für Dich, lieber Leser, wieder mal aus dem Lesen auszusteigen und Dich selbst über Bewegung zu erfahren.

Dreimal sanfte Körpererfahrung

„Der Tageslauf der Krähe" — Tai Chi Chuan

„Der Sonnengruß" — Hatha-Yoga

„Partnermassage" — Akupressur (Tantsu)

Eine Einführung in das Tai Chi Chuan

Ich möchte an dieser Stelle dem Leser das Beispiel für eine relativ leicht erlernbare Bewegungsfolge mitgeben, die auf der Harmonie von Yin und Yang aufgebaut ist. Die Chinesen übertrugen gern Bewegungen von Tieren auf ihre meditativen Bewegungsfolgen. Tiere weisen in ihren Bewegungsabläufen in der Regel ein harmonisches Wechselspiel von Yin und Yang auf. Ein Mensch, der sich in einer derart natürlichen Bewegungsfolge meditativ öffnet, erlebt nicht nur auf der physiologischen Ebene, sondern auch psychisch das harmonische Wechselspiel von An- und Entspannung. „Der Tageslauf der Krähe" ist eine meditative Bewegungsfolge, eine Art meditativer Tanz aus dem Umfeld des Tai Chi Chuans. Diese Bewegungsfolge wird erstmals hier schriftlich fixiert und weitergegeben. Ich möchte sie Dir nahelegen, wenn Du spürst, daß Du Erholung brauchst oder ein Übungssystem benötigst, daß für Dich zum Anhaltspunkt in Deinem Tageslauf werden kann, der Dich auf einen gesunden Tonus zurückführt.

Führe die Yang-Bewegungen mit leichter Muskelanspannung aus. Doch bereits in der stärksten Yang-Bewegung ist auch Yin enthalten, das sich zum Ende der Yang-betonten Bewegung zu entfalten sucht. So gibt es keine ruckhaften Bewegungen und keine Bewegungsstops, sondern Du fließt im sanften Wechsel von Yin und Yang durch die verschiedenen Stationen im Tageslauf der Krähe. Die gleichförmige Wiederkehr der Ent- und Anspannungsreaktion im Muskel führt zu einer Beruhigung des vegetativen Nervensystems auf einem für Dich gesunden Niveau. Alle Bewegungen sind mit dem Atem koordiniert. Nach einiger Zeit merkst Du, wie sich Dein Atem auf die Bewegungen einpendelt – wenn Du ihn freigibst.

Innere und äußere Bewegung entsprechen einander. Auf diese Weise beginnt auch Deine innere Energie, frei zu fließen. In einem verspannten Zustand sind die Energiebahnen beeinträchtigt. Die sorgfältig ausgearbeiteten Wege des Tai Chi Chuans helfen, das freie Strömen dieser lebenswichtigen Energie wiederherzustellen. Dies ist die universale Kraft, die in allem wirkt, das Lebendigkeit besitzt. Die Chinesen nennen sie Chi, die Japaner Ki und die Inder Prana. Sie ist unmittelbar mit unserem Atem verbunden. Daher ist es auch so wichtig, daß wir nicht gegen unsere Bewegung atmen bzw. uns gegen unseren Atem bewegen.

Wenn das Chi im Körper frei fließt, kannst Du oft ein Prikkeln und aufsteigende Wärme spüren. Dann fühlst Du Dich ganz leicht an, und Deine Bewegungen gehen ohne Anstrengung wie von selbst. Kennst Du Dich mit der Technik dieser Bewegungsfolge aus und brauchst nicht mehr über die nächstfolgende Bewegung nachdenken, wirst du nach einiger Zeit des Übens und Erlebens frisch und entspannt aus Deiner Bewegungsmeditation hervorgehen.

„Der Tageslauf der Krähe" – eine Hinführung zum Tai Chi Chuan

Diese Bewegungsfolge besteht aus acht Bewegungsfolgen, wobei die erste und die achte Folge identisch sind. Du wirst einiges über meine Beschreibungen und die Bilder für Dich rekonstruieren können. Nimm Dir einige Bewegungen heraus, die Dir nachvollziehbar erscheinen und probiere sie für Dich einmal aus.

Vielleicht findest Du – falls Du noch keine Tai-Chi-Erfahrungen hast – Gefallen an dieser Bewegungsqualität und machst Dich daran, einen Lehrer zu suchen. Wenn Du bereits Vorerfahrungen mit Tai Chi hast, wird es Dir möglicherweise gelingen, Dich in die gesamte Bewegungsfolge hinein zu versetzen.

Vielleicht empfindest Du dann ähnlich, wie es mir mit dem „Tageslauf der Krähe" geht. Ich finde, daß sie einer der schönsten Bewegungsfolgen aus dem Bereich des Tai Chi Chuan ist, zu der ich gern immer wieder zurückkehre – auch wenn ich noch andere, längere Formen praktiziere.

Übe mit Spaß und nimm alles nicht so ernst.

1. Sequenz: „Die Krähe sitzt in ihrem Baum"

Der Boden, auf dem Du hockst, ist der Ast, auf dem die Krähe schlafend sitzt. Dein Nest sind Deine Beine, vor allem Deine Oberschenkel und Dein Becken, in denen Du ruhst. Dein Oberkörper ist in ihnen abgelegt und völlig entspannt. Inmitten Deines Nestes pulsiert ruhig und gleichmäßig Dein Atem

im Bauch. Dein Becken ist weit geöffnet, und mit jedem Atemzug kannst Du diese Öffnung auch weiter zulassen. Du sinkst immer tiefer und entspannter in Dein Nest ein und weißt Dich wohlgeborgen. Auch unsere Krähe hat sich kein Nest im eigentlichen Sinne gebaut, sondern ist auch auf ihren eigenen Körper angewiesen, in den sie hineinsinkt.

2. Sequenz: „Die Krähe sträubt ihr Gefieder"

Langsam erwacht die Krähe aus ihrer tiefen Versenkung. Du bewegst Dich schwankend hin und her und beginnst dabei, sehr langsam Deine Beine zu strecken. Noch kann die Krähe kaum begreifen, daß sie schon wach werden soll. Verschlafen pendelt sie hin und her. Deine Beine sind nun gestreckt, Du spürst die Dehnung Deiner hinteren Oberschenkel- und Unterschenkelseite. Dein Oberkörper schwingt in einem langsamen Rhythmus von einer Seite zur anderen. Allmählich kommt auch etwas mehr Spannung in Deinen Oberkörper, und die Bewegung des Sich-Sträubens und Reckens beginnt, sich bereits anzudeuten. Die Bewegung wird zunehmend aktiver und erreicht nach einiger Zeit jenen Bewegungsumfang und jene Bewegungsintensität, wie wir sie auch bei uns am frühen Morgen erleben können, wenn wir uns in alle Richtungen recken und dehnen. Es ist ein genießerisches Dehnen, wie wir es vom Yoga her kennen.

In der Extremposition wird ein Arm leicht gebeugt nach oben drückend gehalten. Hierbei zeigt die Handinnenfläche nach oben. Der andere Arm wird seitwärts nach unten gehalten. Die Handinnenfläche zeigt nach unten. Der Oberkörper ist leicht zur Seite geneigt und wird sich gleich auch weiter in diese Richtung bewegen, indem er die entstandene Anspannung wieder losläßt und seitlich etwas in sich zusammensinkt. Die Arme wechseln, indem sie sich überkreuzen, ihre Position, und die Streckung erfolgt zur anderen Seite hin. Die Aufrichtung und Dehnung des Oberkörpers ist mit der Einatmung verbunden. Das Loslassen der Spannung und der Positionswechsel der Hände wird von der Ausatmung begleitet.

3. Sequenz: „Die Krähe fliegt in den Morgen"

Die Krähe besinnt sich erst eine Weile, bevor sie die Flügel schlägt und von ihrem Ast abhebt. Du nimmst die Grundhaltung des Tai Chi Chuan ein. Die Füße stehen schulterbreit und parallel. Du sinkst etwas in den Knien ein, pendelst Dein

Becken aus, streckst den Rücken Wirbel für Wirbel und läßt die Schulter herabsinken, ohne den Brustraum zu verschließen. Nun konzentrierst Du Dich auf Deinen Bauchraum und läßt dort alle Muskelschichten los. Du läßt die Spannung aus dem Bauchraum heraus und spürst, wie Dein Bauch etwas nach vorn kommt. Nun kannst Du auch tiefer in den Bauchraum hinunter atmen.

Du bleibst einige Zeit in dieser Stellung. Erst wenn Du merkst, daß Du ganz bei Dir bist, auf Deine Mitte im Bauchraum zentriert bist, beginnt Dein Flug in den Tag. Wie anders sollte es auch gelingen?

Nicht-zentriert würdest Du Dich ganz der Umgebung ausliefern, Dich entäußern. Auch die Krähe würde gegen einen Baum fliegen oder einem Raubvogel zur Beute werden. So beginnt der Flug in den noch nebelverhangenen Morgen aus der inneren Zentrierung heraus — aber auch nach außen hin hellwach. Deine Arme steigen langsam hoch, Sie treiben bis über Deinen Kopf. Dein ganzer Körper ist gestreckt und Du stehst nun auf den Zehenspitzen. Die Handgelenkrücken treffen sich über Deinem Kopf, ohne sich aber zu berühren. Du kannst die sich annähernde Wärmeenergie beider Hände spüren, aber beginnst bereits am nahesten Punkt mit der Auseinanderbewegung der Hände. In diesem Moment schlägt auch Deine Einatmung in die Ausatmung um. Der Übergang der Atmung ist fließend und ohne Atempause.

Die Arme treiben nach unten, und die Handflächen sind hierbei nach außen abgewandt, die Hände sind nach oben angewinkelt. Du sinkst mit der Abwärtsbewegung der Arme wieder in die tiefe Tai-Chi-Stellung ein, ohne allerdings die Bewegung am Ausgangspunkt abzubrechen. Der nächste Flügelschlag erfolgt ohne Stockung und Bewegungspause. Nur so kannst Du Dich in Deinem Flug in der Luft halten und den Flug genießen. Vielleicht kannst Du nach einigen Flügelschlägen erahnen, wie sich ein Vogel an solch einem Morgen fühlt, wenn er — den Tag entdeckend — sich in die Luft erhebt.

4. Sequenz: „Die Krähe fliegt in die Mittagssonne"

Der Vormittag neigt sich seinem Ende zu. Die Sonne nähert sich allmählich ihrem höchsten Stand. Der von unten beobachtende Mensch kann, wenn er seinen Blick zum Himmel erhebt,

unsere Krähe kaum noch erkennen. Sie fliegt der Sonne entgegen, und es scheint, als ob sie mitten in die Sonne hineinfliegt. Geblendet von dieser Helligkeit, wendet der einsame Spaziergänger seinen Blick ab und setzt seinen Weg fort. Die Krähe aber fliegt weiter, mitten in die Sonne hinein. Krähe und Sonne nähern sich immer mehr einander an. Die Getrenntheit löst

sich auf. Beides verschmilzt ineinander. Steht die Krähe nun hoch am Himmel oder fliegt sie im Wechsel ihres Flügelschlags hoch durch die Luft?

Du stehst mit hintereinander versetzten Beinen in einer tiefen Grätschstellung. Tai-Chi-Erfahrene werden diese Stellung von den „Push-Hands" her kennen. Dein Gesicht ist der

Sonne bzw. dem Tageslicht zugewandt. Du versuchst auch in dieser Haltung zunächst einmal Dich im Rückgrat aufzurichten und Deine Mitte zu finden. Aus dieser Zentrierung heraus steigen Deine Hände hoch zu Deinem Bauchbereich — zum Meer Deiner Energie, dem „Tan Tien". Die Hände werden vor Deinem Bauchzentrum, seitlich aneinander gelegt und nach vorne

zeigend, mit den Handinnenflächen nach oben gehalten. Im Vorwärtsschwanken führst Du die Hände nach vorn schräg hoch zum Licht. Es ist eine mit wachsender Anspannung vorgetragenen Bewegung mit Yang-Qualität. Haben Deine sich langsam anspannenden Hände und Arme den Punkt erreicht, von dem aus sie mitten ins Licht zeigen, so läßt Du allmählich die Spannung wieder aus ihnen heraus. Die Hände werden weich, Dein Oberkörper entspannt sich. Die Hände treiben seitwärts auseinander und winkeln sich nach unten ab. Die Handinnenflächen zeigen zu Dir. Du verneigst Dich gleichzeitig in einer stolzen Verbeugung vor der Sonne, die uns Energie- und Lebensspender ist, unser Leben auf diesem Planeten überhaupt erst ermöglicht. Der Flug in die Sonne ist eine Bewegung voller Spiritualität und voller Verneigung vor der Natürlichkeit.

Während Du Dich verneigst, schwankst Du zurück und Deine Hände finden sich wieder vor Deinem Bauchzentrum ein. Diesmal sind sie aber nicht aneinandergelegt, sondern wie ein kleiner Korb geformt. Im Vorwärtsschwanken führst Du diesen aus den Händen gebildeten Korb wieder hoch zur Sonne. Deine Hände greifen zur Sonne, und Du kannst sie durch Deine Hände strahlen sehen. Dir ist, als wenn Du in das Licht greifst und aus dem Vollen schöpfst. Dein Händekorb bringt Dir mit dem Dank Deiner Verneigung etwas von dieser Sonnenenergie. Du führst im Zurückschwanken Deine Hände zum Bauchraum und füllst Dein Meer der Energie mit der Kraft der Sonne. Diese Bewegung ist der symbolische Ausdruck dafür, daß Deine äußere und Deine innere Energie in einem unmittelbaren Zusammenhang stehen und aus der gleichen Quelle gespeist werden. Vielleicht spürst Du nach mehrmaliger Wiederholung dieser Bewegungsfolgen etwas von dieser Harmonie und spirituellen Verschmelzung, die Dir eine erste Ahnung von Zen im Sonnenflug der Krähe ermöglicht. Ja, und die Atmung? Höre einmal einfach auf Deinen Körper und laß den Atem kommen, wie er es gern möchte. Er wird sich seinen Rhythmus schon passend zur Bewegungsfolge suchen, wenn Du ihn freigibst.

5. Sequenz: „Die Krähe fliegt in die Ferne"

Noch voller Energie fliegt die Krähe in die Weite des Raums. Unser Spaziergänger kann beobachten, wie sie immer kleiner wird, irgendwann einmal nur noch ein winziger schwarzer Punkt ist und dann sich endgültig der Fassungskraft des Auges entzieht. Die entsprechende Tai-Chi-Bewegung ist schwer zu beschreiben. Vielleicht kannst Du sie auch über die Bilder erahnen. Sie besteht aus einem ständigen Schrittwechsel zur Seite, verbunden mit einer kontinuierlichen seitlichen Schwankbewegung. Deine Hände und Unterarme überkreuzen sich hierbei und lösen sich wieder in einem getragenen Flügelschlag auseinander, ehe sie sich wieder mit dem Seitwärtsschritt in der Überkreuzung finden. Dein Atemrhythmus paßt sich der Bewegung von allein an. Entlaß ihn aus Deiner Kontrolle.

Überhaupt: Versuch Dich nicht zwanghaft an die „Bewegungsvorschriften" zu halten. Greif bei dieser Bewegungsfolge einfach nur die Idee des Schwankens, des Seitwärtsschritts, das Überkreuzen und Teilen der Hände als Anregungen zur Bewegung auf und beginne, damit zu improvisieren. Entwickele Deinen eigenen Flug in die Ferne. Die hierzu notwendige Bewegung ist möglicherweise nicht bei jedem gleich. Vielleicht braucht Dein Ego einen Flügelschlag, den Du selbst hierfür erfindest und bestimmst, um sich am Horizont aufzulösen. Hier hast Du die Gelegenheit, Dich experimentell zu erfahren, ohne Dein Ego zu kultivieren. Dies heißt vor allem: Loslassen, nicht zwingen wollen, in der Bewegung aufgehen.

Spüre die Auflösung und die Selbstfindung. Ein unauflöslicher Widerspruch? Für Zen im Fernflug der Krähe kann dies Gegenwart werden.

6. Sequenz: „Die Krähe fliegt in den Nachmittag"

Die Sonne neigt in ihrer Laufbahn bereits merklich nach unten. Sie hat ihren Zenit schon längst überschritten. Auch unsere Krähe wird in ihren Bewegungen allmählich matter und langsamer. Sie genießt noch einmal den Tag, bevor die Dämmerung eintritt. Mit weiten, sanften Flügelschlägen fliegt sie schließlich eine weite Kurve und wendet sich allmählich dem Heimflug zu. Du stehst in der tiefen Grundstellung des Tai Chi Chuan und versuchst, zu Deiner Mitte zu finden. Du nimmst Dir soviel Zeit, wie Du wirklich brauchst.

Gönne Dir diese Zeit und breche den Zentrierungsvorgang nicht vorzeitig ab. Wenn Du spürst, daß Du ganz bei Dir bist, öffne Dich mehr und mehr auch nach außen, ohne die Zentrierung aufzugeben. Deine Aufmerksamkeit ist auch weiterhin bei diesem in Dir gelegenen Punkt unterhalb des Bauchnabels, den die Chinesen „Tan Tien" nennen. Du verbindest diese Zentrierung mit der wachsenden Wahrnehmung all dessen, was auch außerhalb von Dir stattzufinden scheint. Du hörst Geräusche, spürst vielleicht den Luftzug und siehst Licht und Schatten, Farben. Dies ist ein hellwacher Zustand nach innen und außen — ohne trennen zu wollen.

Meditation.

Aus dieser meditativen Grundstimmung heraus wendest Du Dich einer Seite zu, ohne die Position der Füße zu verändern. Dein Gewicht verlagert sich nun auf das hintere Bein. Du schwankst wieder zum anderen Bein und läßt gleichzeitig beide Hände und Unterarme hochtreiben. Während Du Dich nun Deiner Ausgangsposition wieder annäherst, führen die Hände ihren Weg fort, bis sie sich vor Deinem Gesicht befinden. Sie wandern langsam — wie eine Wolke am Himmel — vor Deinem Gesicht lang, an Dir vorüber. Wenn sie die andere Seite Deines Blickfeldes erreichen, drehst Du Dich zu dieser Seite hin und läßt die Hände, mit den Handrücken nach oben, sinken.

Du beginnst auszuatmen, wenn die Hände ihren Zenit erreicht haben und begleitest die Seitwärtsdrehung Deines Beckens und Oberkörpers mit der langsamen Ausatmung. Ist diese Drehung erfolgt, so schwankst Du nach hinten und holst mit den Armen etwas nach hinten aus. Die Hände sind locker und weisen immer noch mit dem Handrücken in die Richtung, in die Du Dich gedreht hast. Mit dem Einatmen schwankst Du wieder nach vorn, läßt die Unterarme hochtreiben, und der weite und sanfte Flügelschlag der Krähe beginnt von neuem.

7. Sequenz: „Die Krähe fliegt in den Abend"

Die Abenddämmerung setzt ein. Die Krähe möchte, müde von ihrem Flug, endlich zu ihrem Baum zurückkehren. Ihre Bewegungen werden zunehmend matter und kleiner. Du beginnst Dich aus der Grundstellung heraus wieder zur Seite zu drehen, ohne die Fußstellung zu verändern. Diesmal verlagerst Du Dein Gewicht nicht mehr, sondern wendest nur den Oberkörper und ein wenig das Becken zur Seite. Gleichzeitig treiben Deine Hände und Deine Unterarme bis zum Oberbauch hoch. Mit dem Ausatmen drehst Du dich wieder nach vorn und läßt die Arme sinken. Die Hände hängen locker nach unten. Du drehst Dich mit dem Einatmen zur anderen Seite und hebst auch dort Hände und Unterarme an. Der Abendflug der Krähe ist eine Bewegungsfolge, die Du besonders lange machen solltest. Die Krähe hat einen langen Hinflug gehabt und braucht eine entsprechend lange Zeit, um zurückzukehren – zumal sie zunehmend müder wird. Nach einigen Wiederholungen dieser Bewegung läßt Du sie noch langsamer und kleinräumiger werden. Deine Bewegung wird immer subtiler und mit zunehmender Entspanntheit ausgeführt. Laß Deinen Blick los. Fixiere nichts und stelle Deine Augen auf unscharf und weit.

Deine Bewegung ist wie Nicht-Bewegung. Fast ohne eigenes Zutun fliegst Du nach Haus.

8. Sequenz: „Die Krähe kehrt zu ihrem Baum zurück und läßt sich nieder"

Mit der letzten Energie, die die Krähe noch zum Flug zur Verfügung hat, landet sie auf ihrem Ast, nimmt ihre Schlafstellung ein, macht es sich bequem und schläft ein.

Der Tageslauf der Krähe

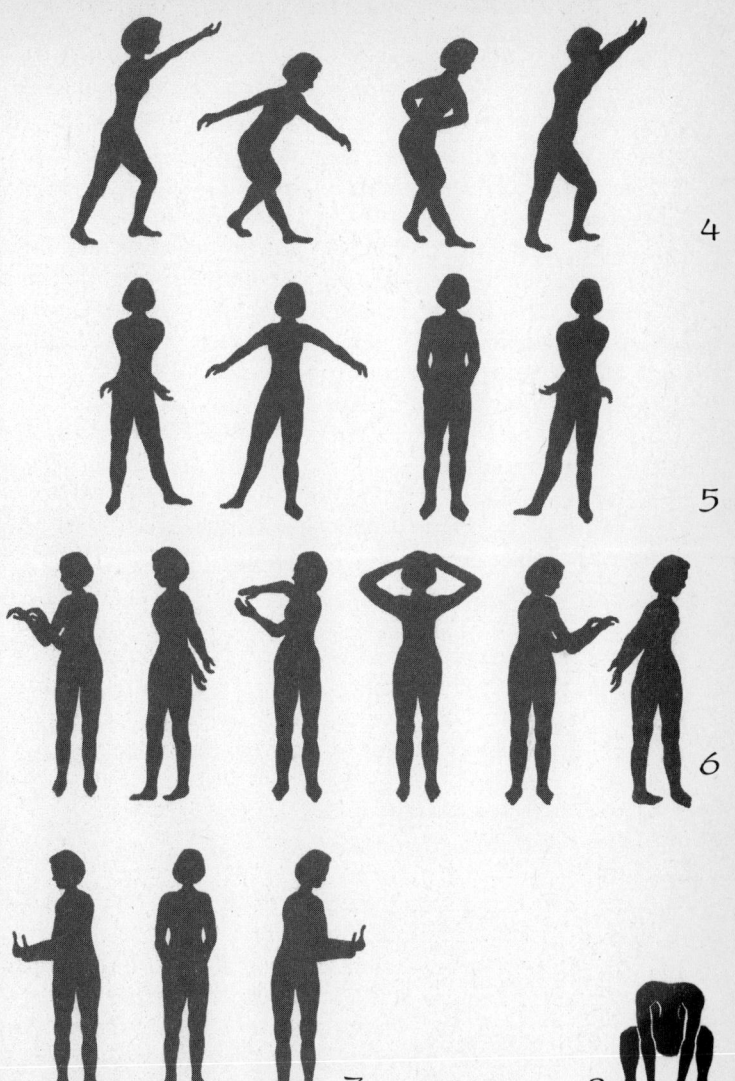

Du bist mit Deiner Bewegung an einen Punkt angelangt, an dem es schwer zu entscheiden ist, ob Du nun schon stehst oder Dich noch bewegst. So subtil und entspannt ist Deine Bewegung. Bewegung geht über in Nicht-Bewegung und Du läßt — zunächst kaum merklich — Deinen Kopf nach vorn sinken. Auch Dein Oberkörper läßt sich — wie in Zeitlupe — Wirbel für Wirbel nach vorn sinken. Wenn Deine Hände den Boden berühren, beginnst Du auch in den Knien einzuknicken, bis Du in unserer tiefen Hockstellung ankommst. Du sinkst in Dein Nest aus Oberschenkeln und Becken, läßt Deinen Oberkörper und Deinen Kopf noch weiter nach vorn los und kommst zur Ruhe. Schließe die Augen und spür in Dir nach, wie Du Dich fühlst. Kannst Du die Ruhe empfinden, tief versunken in Dir? Die Ruhe nach einem solchen Tageslauf, nach solch einem langen Flug?

Bleib solange in dieser Haltung, bis Du das Gefühl vollkommener Erholung hast. Dann löse Dich sanft aus dieser Stellung. Spring herum, laufe, tanze oder: Sei einfach nur da.

Der „Gruß an die Sonne" (Suryanamaskar) — eine Hinführung zum Yoga.

Der Yoga atmet sehr viel vom Geist des Zen — auch wenn es so mancher Yoga-Lehrer nicht wahrhaben will. Yoga kann eine sehr ernste, feierliche Sache sein, die alle mit bitterernsten Mienen und heiligem Scheu ausführen. Hier wird um jeden Millimeter Körperhaltung gerechtet. Ganze Bücher werden allein über eine Stellung geschrieben. Manche werden diesen Yoga brauchen und ihnen tut es sehr gut. Ich will ihnen ihren Yoga überhaupt nicht grundsätzlich mies machen. Es ist ja auch wichtig, Genaueres über Yoga zu wissen und die einzelnen Yoga-Haltungen (Asanas) richtig zu kennen. Auch ein detailliertes Wissen über das Atmen und die zusätzlichen Atemübungen des Yoga (Pranayama) ist sehr wichtig, um hier Fehler zu vermeiden.

Dennoch kann man es mit der Strenge auch übertreiben. Auf der Strecke bleiben das Bewegungsgefühl, die Improvisationsfähigkeit und die Freude an der Bewegung. Genauso wie Zen mehr ist als das meditative Verharren im Lotussitz, so ist Yoga mehr als irgendwelche, auf das Genaueste festgelegten Asanas.

Yoga ist Dehnung in einer ganzheitlichen Weise.

Zunächst ist Yoga natürlich Aufmerksam-werden auf den eigenen Körper, auf den Atem, auf den Spannungszustand und die gedehnten Körperzonen.

Doch Yoga ist auch Dehnung in geistiger und letzlich auch sozialer Hinsicht. Was sich körperlich nicht mehr einengen lassen will, schafft auch die Voraussetzungen für eine Weitung in unseren Gedanken und Gefühlen. Dies ist zwar kein Automatismus, läßt sich aber über die emotionale Einbindung und

Behutsames Yoga ist leib-ökologische Erfahrung

die intellektuelle Verarbeitung des Yoga bewirken. Lassen wir in einem sehr wachen Bewußtsein die körperliche Öffnung zu, spüren wir Gefühle, die hochkommen wollen. Gefühle der Freude, der inneren Spannungsveränderung und auch der Trauer und des Schmerzes. Diese Gefühle können gedankliche Bilder aus dem Unterbewußtsein hervorbringen — Bilder beispielsweise aus der frühen Kindheit oder auch Bilder, die gegenwärtig Erlebtes ausdrücken. Besonders in den bioenergetischen Stellungen des Yoga, wie z. B. in der „Kobra" beschleunigt sich der Atem, wenn Du diese Stellung eine Weile über das gewohnte Maß hinaus hältst. Der Atem bringt die Gefühle hervor und sie können Dir bewußt werden. Erst dann stehen sie zur gedanklichen Bearbeitung zur Verfügung. Du kannst Dir überlegen und auch mit anderen darüber sprechen, was Du gefühlt hast, welche Vorstellungen bildhaft aufgetaucht sind. Solche Erlebnisse und Gespräche können der Anfang für einen befreiten Umgang mit Dir und der Welt sein. Yoga kann für Dehnung in vielfältiger Hinsicht sorgen, wenn Du es im richtigen Bewußtsein tust.

Doch brauchst Du auch alles nicht so tragisch nehmen. Vielleicht ist Yoga für Dich nur eine angenehme Angelegenheit, bei der Du Dich entspannst und Dir sehr nahe bist. Dann ist es auch gut. Nicht jeder muß aus dem Yoga eine Therapie für sich machen. Auch der Yoga selbst ist ein sehr weites und dehnungsfähiges System. Es entfaltet seine Wirkungsweise nicht von selbst, sondern erst über die Bedeutung, die Du ihm gibst.

Auf jeden Fall tut Yoga Dir gut, wenn Du die grundlegenden Bewegungs- und Atemprinzipien beachtest. Ich bin immer wieder erstaunt, wie wenig Menschen sich näher mit dem Yoga auskennen. Alle haben schon davon gehört, und viele wollten es schon längst einmal probieren. Aber einen Lehrer gesucht haben sich die wenigsten. Bei den meisten blieb es eine Absichtserklärung.

Ich möchte den solchermaßen interessierten Leser dazu anregen, die Hemmschwelle zu überschreiten, indem ich ihm eine der schönsten Bewegungsfolgen aus dem Yoga zum Selbst-ausprobieren anbiete: Suryanamaskar — der Gruß an die Sonne. Du kannst — wenn Du keine aktuellen Beschwerden hast, die dagegen stehen*) — versuchen, über die hier vor-

---

* Bei akuten Beschwerden, wie z. B. Bluthochdruck oder Fehlfunktionen der Schilddrüse, solltest Du vom eigenständigen Beginn mit Yoga absehen und erst den Arzt befragen.

gestellten Bewegungsbeschreibungen und -bilder Dir diese Bewegungsfolge anzueignen. Du wirst bald merken, ob es sich lohnt, den Yoga noch intensiver kennenzulernen. Doch bevor Du zu einer regelmäßigen, länger andauernden Übungspraxis des Sonnengrußes kommst, suche bitte einen Yoga-Lehrer auf und lerne den Sonnengruß bei ihm noch einmal. Es können sich Haltungs- und Atmungsfehler eingeschlichen haben, die bei einer ständigen und längerfristigen Wiederholung sich nicht förderlich für Deine Gesundheit auswirken könnten. Aber über ein paar Tage hinweg kannst Du Suryanamaskar ruhig für Dich allein ausprobieren und experimentierend erfahren. Dies ist eine Form des Experiments, die über dessen naturwissenschaftliche Version weit hinausgeht. Es geht eben nicht darum, sich in Distanz zu sich selbst zu setzen und den Prozeß auf einer rein intellektuellen Ebene zu verarbeiten. Es ist eine Art ganzheitliches Experiment, in das alle Deine menschlichen Möglichkeiten einbezogen sind — Du mit Deiner ganzen Person.

Die zutiefst rhythmische Bewegungsfolge des Sonnengrußes kann vielfältige Impulse für unsere Gesundheit geben, ohne zu meinen, daß Gesundheit oder Krankheit nun nur von ein paar Übungen abhängen würden. Gesellschaftliche Strukturen, die krank machen, lassen sich nun einmal nicht wegdehnen. Aber hierauf kommen wir später noch zu sprechen. Andererseits sollte man auch nicht den individuellen Beitrag zur Gesundheitserhaltung übersehen. Und hierfür bietet die regelmäßige Praxis des Sonnengrußes eine ausgezeichnete Voraussetzung. Er stellt die vollkommene Harmonie von Bewegung und Atmung her. Jede Dehnung und Öffnung der Atemräume, die durch die Yoga-Bewegung provoziert wird, ist mit Einatmung verbunden. Die Schließung des Körpers und die Verengung der Atemräume wird von der Ausatmung begleitet. Auch wird die Körperhaltung rhythmisch verändert. Am besten läßt sich dies an der Wirbelsäule veranschaulichen. Die Wirbelsäulenkrümmungen werden ständig wechselnd in der Bewegung ver-

ändert. Die Wirbelsäulentäler werden zum Berg und kaum haben sie ihr Optimum erreicht, so kehrt sich die Dehnung der Wirbelsäule wieder in ihr Gegenteil um. Dies hat natürlich auch erhebliche heilgymnastische Wirkungsweisen besonders bei denjenigen, deren Wirbelsäulenmuskulatur bereits am erstarren und verhärten ist. Zwar werden hier nicht ohne weiteres aus Bergen während der Bewegung Täler, aber die Wirbelsäulenkrümmungen werden ausgleichend belastet. Das regelmäßige Erleben des Sonnengrußes hilft, verhärtete Partien wieder aufzuweichen und lebendig zu machen. Diese gesteigerte Lebendigkeit kann auch im Leben als Vitalitätssteigerung spürbar werden. Atemräume öffnen sich; die Sauerstoffversorgung des Blutes verbessert sich; der gesamte Stoffwechsel wird günstig beeinflußt. Die regelmäßige Übungspraxis des Sonnengrußes kann helfen, die intakte Ökologie Deines Körpers wiederherzustellen. Und dies ist auf jeden Fall wichtig – wenn auch ein leibökologischer Umgang mit dem Körper nur *eine* Voraussetzung zu Gesundheit in einem ganzheitlichen Sinne darstellt.

Ich möchte Dir nun den Gruß an die Sonne aus dem eigenen Erleben beschreiben: Wenn ich mich morgens, vor dem Frühstück, in mein Arbeitszimmer zurückgezogen habe, weiß jeder, daß ich nicht gestört werden will. Yoga braucht – genauso wie das Tai Chi – Zeit und Ruhe. Ich beginne meistens mit einigen vorbereitenden Dehnungsübungen, bevor ich mit dem Sonnengruß anfange. Die Form des Sonnengrußes, die ich nun in den letzten Jahren ausübe, ist erst herangereift. Sie war nicht immer so. Hierzu muß man wissen, daß es zahlreiche Variationen von Suryanamaskar gibt. Ich kenne ein halbes Dutzend verschiedener Stile. Jeder muß für sich selbst ausprobieren, welche Form ihm am liebsten ist und am meisten liegt.

Alle Versionen des Sonnengrußes sind allerdings von den gleichen Bewegungs- und Atmungsprinzipien getragen, die man auch bei der eigenen Gestaltung berücksichtigen sollte. Auch gehen alle Stile von der gleichen Ausgangsposition aus, zu der sie auch zurückkehren. Die Hände sind hierbei – wie zum Gebet – aneinandergelegt. Ich spüre die Daumen in meiner Herzgegend. Ich sammele mich, versuche meinen Atem zu spüren. Ich lasse eine positive Stimmung in mir entstehen, als wenn ich in meinen Körper hineinlächele, und er es mir mit einem aus ihm entspringenden Glücksgefühl beantwortet. Früher habe ich in diesem Augenblick an die Sonne mit ihrer lebensspendenden Kraft gedacht. Auch von diesem Eindruck ist noch etwas in dieser Situation zu spüren. Manchmal sehe ich durch das Fenster einen in einiger Entfernung stehenden Baum. Ich sehe das feingesponnene Netzwerk aus Ästen und kleineren Zweigen. Ich spüre, wie aufrecht und stark er dem Himmel zustrebt. Ich stelle mir vor – und versuche dies dann auch in meine Haltung aufzunehmen – daß der Baum und ich eine Menge Gemeinsamkeiten haben. Ich freue mich über die spirituelle Verbindung meiner inneren und äußeren Natur und nehme diese Stimmung in meine Bewegung mit. Die Hände treiben mit dem Ausatmen nach unten, verklammern sich mit den Daumen und werden mit dem Einatmen wieder nach oben bis über den Kopf geführt.

Mit einer letzten dehnenden Streckung erweitere ich noch einmal den Atemraum und beuge mich anschließend sanft nach hinten. Wenn mein Körper diese Bogenspannung entwickelt hat, beginnt mit dem Ausatmen auch schon die Gegenbewegung. Die Arme treiben nach vorn und bewegen sich – meinen Kopf in sich geborgen haltend – mit dem sich absenkenden Oberkörper nach unten. Die Hände fassen bei durchgestreckten Beinen soweit nach unten, wie es mir meine jeweilige Dehnungsfähigkeit erlaubt. Dies ist ein Grundprinzip im Yoga: Dehne Dich nur so weit, wie es angenehm ist und Du es genießen kannst. Betreibe mit dem Dehnen keinen Leistungssport. Es soll das genußvolle Dehnen und Recken eines erwachenden Menschen sein, das die Lebensgeister weckt und nicht vertreibt.

Morgens bin ich natürlich recht steif, und ich gehe sehr vor-

sichtig mit meinem Körper um. Erst nach einigen Wiederholungen der Bewegungsfolge merke ich, wie ich zunehmend dehnungsfähiger werde und meine Hände mit der ganzen Handfläche den Boden erreichen. Die Beine bleiben hierbei durchgestreckt und ich wende mein Gesicht dem Becken zu und schaue auf meinen Beckenbereich. Ich spüre die angenehme Dehnung der gesamten Rückseite meiner Unter- und Oberschenkel. Aus dieser Haltung heraus führe ich in Zeitlupe meinen linken Fuß nach hinten und setze ihn auf den Zehenspitzen auf. Gleichzeitig beugt sich mein vorderes Bein und heben sich Oberkörper und Kopf an. Hierbei atme ich tief in den Brustraum ein.

Ich befinde mich nun in einer Haltung, die dem Startsitz des Sprinters ähnelt. Aber ich habe nicht vor zu sprinten, sondern nehme mir für meine Bewegung Zeit. Manche führen den Sonnengruß mit recht schnellen Bewegungen durch. Ich lasse mir viel Zeit und führe die Bewegungen in einer Tai-Chi-Qualität durch — also in Zeitlupe. Manchmal steigere ich nach ein paar Bewegungsfolgen das Tempo, wenn es mir nach einer hohen Bewegungsintensität zumute ist. Doch zum Ende der Übungsphase hin werden die Bewegungen wieder langsamer und ruhiger. Natürlich aktiviert man bei einem schnelleren Bewegungstempo sein Herzkreislaufsystem viel intensiver. Doch es geht hierbei die Zeit verloren, die ich brauche, um den so wichtigen Augenblick in der jeweiligen Sequenz zu entdecken, in dem ich besonders in mich hineinspüre. Jede einzelne Bewegungssequenz innerhalb des Sonnengrußes strebt auf eine vorübergehende Endposition zu, die einen Augenblick gehalten wird. Hier bietet sich im besonderen Maße die Chance, in sich hinein zu horchen und die Stille zu spüren, die in uns und in allem um uns herum sein kann. So auch in dieser Position.

Mein Bauch liegt auf meinem vorderen Oberschenkel auf. Erst der obere Teil meines Rumpfes richtet sich auf und ich schaue nach oben zur Decke. Mit dem Ausatmen setze ich nun auch das andere Bein nach hinten, drücke mein Gesäß nach

oben, führe meinen Kopf zwischen den Oberarmen hindurch und richte den Blick auf meinen Beckengürtel. Mein Körper hat nun die Stellung eines umgekehrten V's. Die Fußsohlen berühren — soweit das am frühen Morgen schon geht — ganzflächig den Boden. Die Differenz in den verschiedenen Versionen von Suryanamaskar begründet sich vor allem in der Ausführung der folgenden, zentralen Bewegungsphase. Man kann nun den Oberkörper sofort herabsenken.

Hierbei wird der Boden von den Zehenspitzen, den Knien, Brust und Kinn berührt (vgl. mit dem Schaubild). Ich liebe es aber, die Bewegung anders verlaufen zu lassen. Ich wähle eine Version des Sonnengrußes, bei der ich aus der Umkehrung des V's die Knie herabsenke, sie auf den Boden aufkommen lasse und mich zurück auf die Unterschenkel setze, ohne die Position meiner auf dem Boden aufgesetzten Hände aufzugeben. Dies sorgt für eine wertvolle Dehnung im Schultergürtel — aber auch im Lendenwirbelbereich. Ich verschiebe nun meinen Oberkörper nach vorn zu den Händen. Hierbei drücke ich das Gesäß nach oben, gleiche aber meine Brustwirbelschwingung nach unten aus und gehe leicht ins Hohlkreuz. Ich lege mich auf den Boden und meine Hände befinden sich links und rechts von meiner Schulter. Mein Hals bewegt sich während dieser fast wellenförmigen Vorwärtsbewegung möglichst parallel zum Boden. Es steckt hierhinter das Bild der Katze, die sich zum Freßnapf beugt und mit nach vorn gestrecktem Kopf die Milch schleckt. Ich verzichte — wenn ich nun auf dem Boden angekommen bin — darauf, den Körper nur an bestimmten Stellen auf dem Boden aufzulegen. Die hierbei beabsichtigte Wirkung habe ich ja schon viel intensiver durch meine wellenförmige Abtauchbewegung vorweggenommen. Ich nutze hingegen diesen Augenblick dazu, mich ganz hinzulegen, meinen Bauchraum völlig zu entspannen und genieße das Loslassen. Anschließend drücke ich mit den Händen gegen den Boden und richte mich — mit dem Kopf beginnend — im Oberkörper auf, ohne das Becken vom Boden abzuheben.

103

Während dieser Bewegung atme ich bis hoch in den letzten Winkel unter dem Schlüsselbein ein. Habe ich wieder den Punkt erreicht, um den es geht, entwickele ich die Vorstellung „Lächele in Deinen Körper hinein und entdecke die Stille, die Dir zurücklächelt". Es ist ein kostbarer Augenblick.

In diesem Moment ist aber auch schon der Zenit der Bewegungsfolge erreicht. Ich stemme mich langsam mit dem Gesäß zurück auf meine Unterschenkel. Hierdurch habe ich es anschließend etwas leichter, mich auf meinen Fingerspitzen und Zehen stehend, in das umgekehrte V zu drücken. Nun nimmt die Bewegungsfolge in umgekehrter Reihenfolge ihren Verlauf. Aus der Umkehrung des V's, das von der Ausatmung begleitet war, bewege ich mich in den „Startsitz" – der halben Kobrastellung – wobei ich diesmal das linke Bein nach vorn setze. Ich atme hierbei ein. Mit der Ausatmung führe ich nun auch das rechte Bein nach vorn, setze den Fuß neben meinem linken Fuß und zwischen meinen Händen ab. Ich strecke langsam meine Beine, beuge mich mit dem Oberkörper noch weiter nach unten und wende den Kopf so, daß ich wieder zu meinem Beckengürtel blicke. Dies ist die „Zange" im Stehen. Nun treiben die Arme, in der Verlängerung des in den Oberarmen geborgenen Kopfes, hoch. Der Oberkörper richtet sich gleichzeitig Wirbel für Wirbel auf. Nachdem die „Zange" von der Ausatmung begleitet war, atme ich nun ein und beende das Einatmen erst, wenn ich die Bogenspannung voll entfaltet habe. Die Hände treiben dann mit dem Ausatmen an meinem Kopf vorbei in ihre gebetsähnliche Ausgangsstellung zurück. Ich gebe mir nun ein paar Atemzüge die Gelegenheit, mich erneut zu besinnen und zu sammeln. Erst wenn mein Atem wieder völlig zur Ruhe gekommen ist, beginnt der Bewegungszyklus von neuem.

Nach mehrmaliger Wiederholung dieser Bewegung fühle ich mich frisch für den Tag und kann auf das Kaffee-Trinken und auf andere gängige Drogen getrost verzichten. Wer die Chance hat, sich im Yoga so erleben zu dürfen, hat dies alles nicht

mehr nötig. Zen in der Kunst des Yoga, bringt uns ein Wirklichkeitserleben nahe, das auf die künstliche Überhöhung und Verzerrung der Wirklichkeit verzichten kann.

Der Sonnengruß

Das Mantra OM

☀ Einatmen
☀ Ausatmen

Zen in der Kunst der Massage — sanftes Körpererleben zu zweit

„Eine Massage, die nicht weh tut, taugt nicht viel". Solche oder ähnliche Vorurteile über die Massage sind recht verbreitet. Sie beruhen auf der Unkenntnis der Vielfältigkeit möglicher Massagewege.

Daher möchte ich hier nun als dritte praktische Anregung eine Form der Partnermassage vorstellen, die deutlich macht, daß Massage etwas sehr Liebevolles und Sanftes sein kann. Ich habe sie daher gern mit meiner Frau — Barbara Moegling — durchgeführt und auf den nachfolgenden Seiten auf Fotos abbilden lassen.

Diese Form der Partnermassage wird mit Bekleidung durchgeführt und ist daher sehr gut für Freizeitsport- oder andere Körpererfahrungsgruppen geeignet.

Sie ist eine Mischung aus Akupressur und Tantsu (tantric shiatsu) und wir haben die einzelnen Massageideen selbst zusammengestellt. Nimm die folgenden Bilder und die textliche Begleitung als Anregung, auf einen Partner zuzugehen und Dich mit ihm im einfühlsamen Kontakt zu wiegen, zu schütteln und zu drücken.

Bist Du der aktive Partner innerhalb der Rollenverteilung während der Massage, so versuche Deinen Bewegungsrhythmus — so oft dies die Bewegung zuläßt — mit Deinem und dem Atemrhythmus Deines Partners zu parallelisieren. Wiederhole die einzelnen Bewegungen oftmals und bewege Dich sanft.

Bist Du der passive Partner während der Massage, so versuche, loszulassen und Dich Deinem Partner in der Massage anzuvertrauen. Es gibt für Dich jetzt nichts mehr zu tun. Kein aktives Eingreifen, nichts mehr erreichen wollen. Gib Dich dem Rhythmus der Massage hin und genieß die Sensibilität, die

Dein Partner Dir zu geben sucht. Atme ruhig und gleichmäßig, aber so, daß Dein Partner Deinen Atemrhythmus deutlich erkennen kann. Wenn ihr die Massage beendet habt, redet miteinander über das Erlebte. So manches kommt hoch, was nach einer gemeinsamen Klärung verlangt. Auch diese Massage ist eine Chance für wichtige Selbsterfahrung im sensiblen Kontakt mit einem anderen Menschen.

Zen in der Kunst der Massage ist mehr als Walken, Kneten und Klopfen — auch wenn dies manchmal angebracht ist.

Viel Spaß!

Dein Partner liegt lang ausgestreckt auf dem Bauch. Knie Dich behutsam über ihn und drücke vorsichtig ...

Nun ertastest Du die Wirbelsäule Deines Partners und drückst mit dem Zeige- und Ringfinger einer Hand rechts und links der Wirbelsäule in das Gewebe ein. Du fängst an den obersten Wirbeln der Halswirbelsäule an und wanderst hinunter bis zum Steißbein. Du wirst auf diesem Weg einigen lebensgeschichtlichen Situationen Deines Partners begegnen — den Stellen, an denen das Leben besonders viele Verspannungen hinterlassen hat, gib hier noch mehr Energie und Sorgfalt hinein — verweile hier etwas länger.

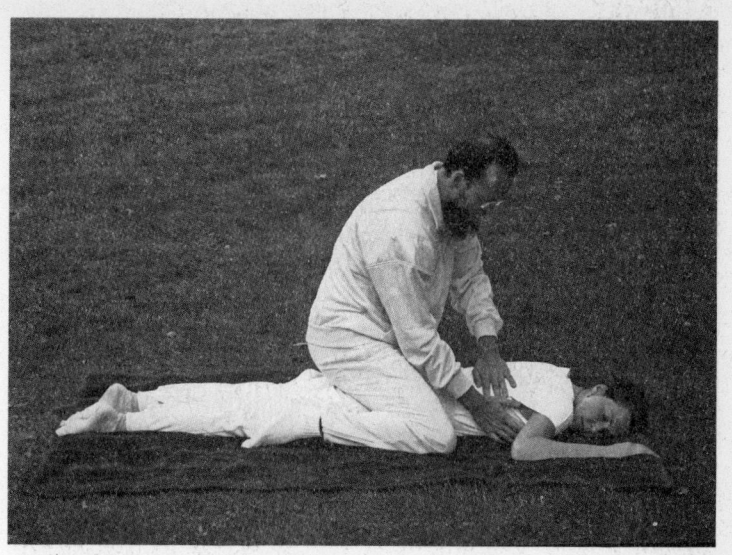

Variiere die vorangegangene Form der Massage mit einer anderen Art und Weise, Deinen Partner zu bewegen: Faß ihm mit einer Hand unter seinen Oberkörper und ziehe die Hand — mit sanftem Druck auf seinen Korpus — zu Dir hoch. Laß die andere Hand folgen und wandere so den Oberkörper Deines Partners seitlich hinauf und hinunter.

Finde einen gleitenden Rhythmus, bewege Deine Hände sanft und einfühlsam. Du kannst nun mehrmals diese und die vorangegangene Massagepraxis abwechseln lassen.

Zum Abschluß dieser Phase harmonisierst Du Deinen Atemrhythmus wieder mit dem Atemrhythmus Deines Partners.

Du verläßt nun Deine Stellung und gibst Deinem Partner hierdurch die Möglichkeit, sich auf den Rücken zu drehen.

Laß Deinen Partner erst einmal eine Zeitlang auf dem Boden liegend zur Ruhe kommen. Dann faß mit beiden Händen unter seine Fersen und hebe seine gestreckten Beine bis zu dem Punkt hoch, wo Du einen Widerstand spürst.

Nun läßt Du ganz langsam – Millimeter für Millimeter – seine Beine herunter zum Boden. Dein Partner hat währenddessen das Gefühl auf einer unendlichen Reise zu sein ...

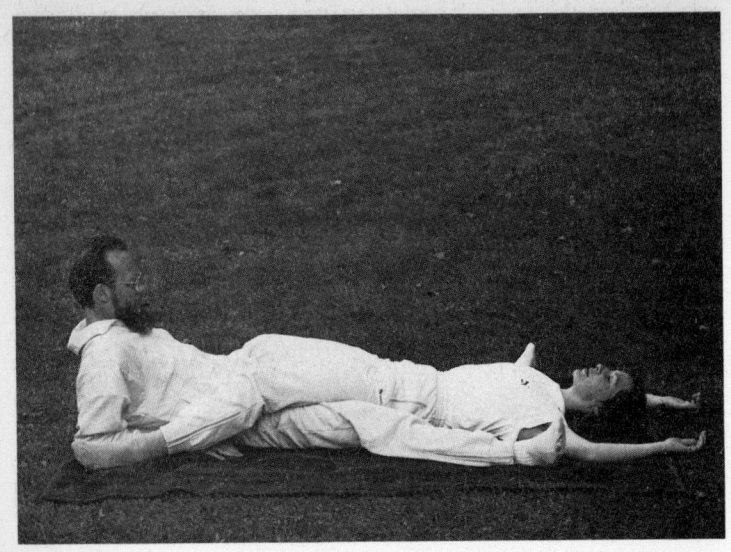

Du richtest die Beine Deines Partners angewinkelt auf und führst Deine Beine unter den Oberschenkeln hindurch. Dann bewegst Du Deinen Partner durch rhythmische Schüttelbewegungen Deines Beckens hin und her. Es sind subtile Mikro-Bewegungen, die Du ausführst. Sie entspannen Deinen Partner und auch Dich im Becken- und Hüftbereich.

Nun kniest Du Dich vor Deinen Partner hin, drückst beim Ausatmen seine Knie in Richtung Deiner Brust und nimmst sie beim Einatmen wieder zurück. Wiederhole dies eine Zeitlang.

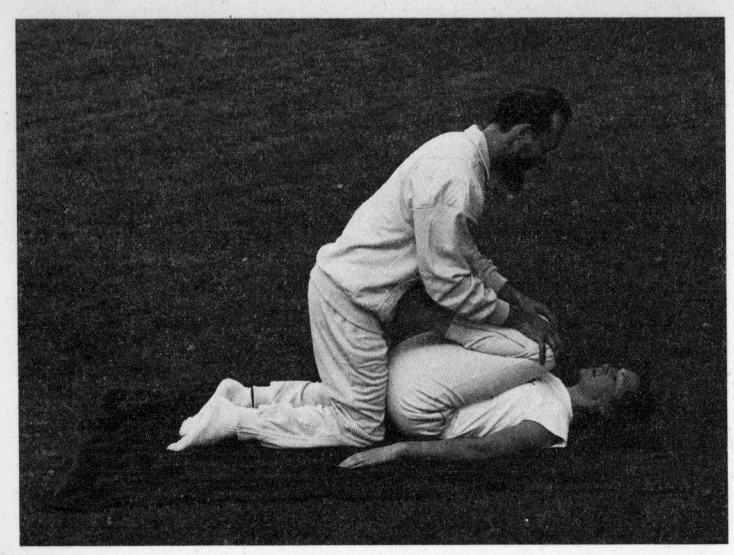

Hiernach läßt Du nun die Oberschenkel in den Hüftgelenken sanft kreisen. Mach lieber kleine subtile Kreise. Das wirkt beruhigender und lockernder.

Eine Gesichtsmassage kann oft der krönende Abschluß einer Partnermassage sein. Hier ein paar Anregungen: Beide Daumen werden auf die Stirn des Partners gelegt und angedrückt.

Dann gehen die Daumen auseinander, werden nach unten drückend geführt — bis zu den Unterkieferknochen. Darauf wird dieser Vorgang wiederholt, allerdings werden die Daumen nicht mehr genau in der Mitte aufgesetzt, sondern ein paar Millimeter weiter in Richtung auf die Augenbrauen aufgesetzt.

Du drückst mit Daumen und Zeigefinger das Ohrläppchen Deines Partners. Du wanderst — auf diese Weise drückend — seine Ohrenränder hinauf. Du kannst diese Massage mehrmals wiederholen, beginne dabei immer wieder am Ohrläppchen.

Nun hör aber noch nicht mit der Gesichtsmassage auf, sei kreativ und laß Dir selbst etwas einfallen. Es gibt im Gesicht und am Hinterkopf Deines Partners so viele Stellen, die es sich lohnt, zu drücken und zu streicheln ...

Zen im Sportunterricht — ein Blick in die Turnhallen des nächsten Jahrhunderts

Nehmen wir einmal an, wir befänden uns im nächsten Jahrtausend — im Jahre 2022. Vieles hat sich verändert, und auch der Sportunterricht blieb nicht unberührt hiervon. Werfen wir nun einen Blick in eine Sporthalle des 21. Jahrhunderts:

Der Sportlehrer kniet im Kreise seiner Schüler und erzählt ihnen eine alte Zen-Geschichte:

> „Joshu fragte Nansen: ‚Was ist der Pfad?'
> Nansen sagte: ‚Das tägliche Leben ist der Pfad.'
> Joshu fragte: ‚Kann man das studieren?'
> Nansen sagte: ‚Wenn Du versuchst, es zu studieren, so bist Du fern davon.'
> Joshu fragte: ‚Wenn ich es nicht studiere, wie kann ich denn wissen, ob es der Pfad ist?'
> Nansen sagte: ‚Der Pfad gehört nicht der Welt der Wahrnehmung an, noch gehört er der Welt der Nicht-Wahrnehmung an. Erkenntnis ist eine Täuschung, und Nicht-Erkenntnis ist sinnlos. Wenn Du den wahren Pfad jenseits aller Zweifel erreichen willst, so versetze Dich in dieselbe Freiheit, wie der Himmel sie hat. Du wirst sie weder gut noch nicht-gut nennen.'
> Bei diesen Worten wurde Joshu erleuchtet."

„Was für ein Unsinn!« ruft ein Schüler.
„Ja, es ist fern von jedem Sinn", sagt ein anderer Schüler.

Der Sportlehrer kniet im Kreise seiner Schüler und erzählt die alte Zen-Geschichte

„Wie kann ein Mensch durch die Worte eines anderen erleuchtet werden?" wirft ein Mädchen erstaunt ein.

„Genug der Worte", ruft der Sportlehrer, „laßt sie sein, wie sie sind." Da verstehen die Schüler, ohne zu verstehen. Sie setzen sich in den Lotus-Sitz und werden zu ihrem Atem. Eine Stunde des stillen Meditierens vergeht. Der wohlklingende, feine Ton eines Glöckchens beendet die Versenkungsübung. Der Sportlehrer – er ist Philosoph, Körpererfahrungsexperte und Heiler – lädt ein zur Aussprache. Ein Schüler beginnt:

„Erst kamen mir wieder die Gedanken. Ich ließ sie wie Wellen auslaufen oder wie Wolken am Himmel vorüber schweben. Dann kam die Leere, das Nichts. Ich ging auf im Nichts meines Atems."

Eine Schülerin fragt kritisch nach: „Ist es denn die Erfüllung, im Nichts aufzugehen?" Der Sportlehrer beginnt, eine weitere Geschichte zu erzählen:

„Yamaoka Tesshu, ein junger Schüler des Zen, besuchte einen Meister nach dem anderen. Er sprach auch bei Dokuon von Shokoku vor. Da er seine Errungenschaften zu zeigen wünschte, sagte er:
,Der Geist, Buddha und die Lebewesen existieren letztlich nicht. Die wahre Natur der Erscheinungen ist Leere. Es gibt keine Verwirklichung, keine Täuschung, keine Weisheit, keine Mittelmäßigkeit.
Es gibt kein Geben und nichts, was empfangen wird.'
Dokuon, der still vor sich hin rauchte, sagte nichts. Plötzlich schlug er mit seiner Bambuspfeife auf Yamaoka los. Das machte den jungen Mann recht wütend.
,Wenn nichts existiert' erkundigte sich Dokuon, ,woher kommt dann dieser Zorn?'"

Eine Schülerin ruft: „Laßt uns Rugby spielen!" Alle haben dies verstanden bis auf Eric: „Was hat denn das mit dieser Geschichte zu tun?" „Da", ruft die Schülerin, „hier hast Du den Ball!" Jetzt hat auch Eric Klarheit. Er rennt los, schlägt Haken und kann im letzten Moment den Ball noch vorteilhaft abspielen, bevor er zu Boden gezogen wird. Das ist ein Toben und Schreien. Wildes Leben in der Sporthalle, bis zur Erschöpfung. Alle sinken nieder und bleiben schwer atmend liegen. Mit der eintretenden Entspannung beruhigt sich nach einiger Zeit ihr Atem. Doch sie bleiben – alle Viere von sich gestreckt – liegen und genießen diesen Zustand der Entspanntheit. Viel Zeit vergeht.

Langsam kommt wieder etwas Bewegung, Veränderung in die Gruppe. Dort beginnen sich ein Schüler und eine Schülerin zu massieren. Gernot hat sich bäuchlings ausgestreckt und Bira sitzt auf ihm. Mit kreisenden Bewegungen drückt sie das

Gewebe links und rechts der Wirbelsäule mit zwei Fingern massierend ein. So fährt sie mit ihren Fingern kreisend die ganze Wirbelsäule hinunter. Ihre Bewegungen sind sanft und jeder der sie beobachten würde, wüßte, daß ihre Massage von innen herauskommt. Für Bira — und auch die anderen Schüler — ist Massage eine spirituelle Handlung. Plötzlich fängt Gernot an, leise vor sich hin zu weinen. Bira legt ihre Hände auf seinen Brustkorb und schließt die Augen. Das leise Weinen wird zum tiefen Schluchzen.

Gernot weint aus vollem Herzen. Das tut gut. Alles soll hinaus. Bira weiß, daß die Massage dies ausgelöst hat. Es ist gut so. Weinen gehört zum Leben wie das Lachen. Gernots Körpers beginnt sich wieder zu entspannen. Beide nehmen sich in den Arm und wiegen sich sanft hin und her. Würde man den Blick nun durch die Sporthalle wandern lassen, so wäre — für unsere Begriffe — auch dort Erstaunliches zu beobachten. Da sitzt Antje über einen Mitschüler gebeugt und hält ihre Hände über dessen Kopf, als würden sie etwas ausstrahlen, was in den Mitschüler übergehen könnte. Ihr Gesicht drückt eine feierliche Würde aus, die bei uns die Leute allenfalls im Gebet annehmen.

Ein Stückchen weiter sieht man zwei Schüler sich die Hände massieren. In der Mitte der Halle bewegt sich eine kleine Gruppe von Schülern mit langsamen, fließenden Bewegungen, als ob sie in der Luft schwimmen würden. Alle ihre Körperteile sind ständig in Bewegung, nur ihr Bauchzentrum scheint zu ruhen. Es ist der ruhende Pol, um den sich alles herum bewegt. Andere dehnen sich in den Asanas des Yoga, atmen tief und gleichmäßig, scheinen den Wechsel von Dehnen und Entspannung sehr zu genießen. Und was sieht man denn da? Da liegen ja zwei ganz eng beieinander. Sie küssen und streicheln sich. Was macht eigentlich der Sportlehrer? Wo ist er überhaupt? Abseits sitzt er. Er macht den Eindruck von jemandem, der alles sieht, alles in sich aufnimmt und der zufrieden hiermit ist. Wahrscheinlich sieht er keine Veranlassung, irgendwo einzugreifen. Man sieht, daß er sich sichtlich wohl fühlt.

Viel Zeit vergeht. (Irgendwie scheinen die gar kein Gefühl für die davonrinnende Zeit zu haben.) Irgendwann beginnt eine kleinere Gruppe eine Melodie zu intonieren. Nein, es ist nur ein einziger Ton. „Oooooohhhhhhhmmmmmmm..." Andere Schüler kommen näher. Die ganze Gruppe schart sich umeinander und stimmt in diesen kosmisch klingenden Sing-Sang ein. Es liegt etwas Heiliges in der Luft. Die Schwingungen des Tons schaffen eine Atmosphäre der Intimität, des Eins-Sein in der Gruppe. Schön hört es sich an. Ein tiefer, meditativer Ton, tief aus dem Bauch heraus. Auch jetzt scheint sich niemand um die Uhrzeit zu kümmern. Wieviel Zeit die haben!

„Ich habe Hunger", sagt der Sportlehrer, „laßt uns etwas kochen." Sie erheben sich und verlassen die Halle. Schade, daß es schon zu Ende ist. Es war wirklich interessant, dies alles zu beobachten. Wirklich.

Ob wir auch so etwas im Sportunterricht machen könnten? So bestimmt nicht! Allein der Sportlehrer! Er ähnelt eher einem Waisen, einem Schamanen oder einem Zen-Meister. Wo gibt es denn überhaupt jemanden, der so wäre oder überhaupt nur so sein wollte? Und wie bewußt und sensibel die Schüler miteinander umgegangen sind. Ganz natürlich und ohne Scheu. Einerseits entstand beim Zuschauen das Gefühl, daß hier etwas sehr Rituelles, ja Heiliges im Ganges wäre, andererseits dann plötzlich diese Lebendigkeit, das Rugby-Spiel, die triviale Bemerkung des Sportlehrers, daß er jetzt Hunger habe. Und dennoch paßte alles zusammen. Keine Schulklingel zerstörte den Rhythmus der Schüler. Hatten sie überhaupt einen Stundenplan? War das überhaupt ein Sportlehrer, eine Turnhalle?

Okay, Schluß mit dem Spielchen. Denn es ist ein utopisches Gedankenspiel, das sich unter den gegenwärtigen Bedingungen von Schule und Sportunterricht nicht realisieren lassen wird.

Allerdings bin ich der Ansicht, daß auch die Sportpädagogik und die Sportlehrer in unserer heutigen Zeit eine Menge vom Zen in der Kunst des Sportunterrichts lernen können, wenn sie dies nicht wieder als einen Lernprozeß im traditionellen Sinne begreifen. Es geht hierbei nicht um Wissenseinspeicherung, Hypothesenentwürfe, Modellentwicklung, empirische Überprüfung und Auswertung, sondern um einen untypischen, ungewohnten Lernprozeß – vor allem um ein Sich-Öffnen. Durch diese Öffnung können erstaunliche Erfahrungen zu dem Sportlehrer hineingelangen und in ihm entstehen, die wiederum durchaus in den Sportunterricht einfließen können. Voraussetzung hierfür allerdings ist, daß der Sportlehrer seinen Schülern ein glaubhaftes Vorbild ist, der die Tiefe der meditativen Praktiken und ihre Übertragung auf den Sport am eigenen Leibe erfahren hat.

Spüren die Schüler, wieviel dem Lehrer eine Bewegungsmeditation bedeutet, so sind sie auch irgendwann einmal bereit, sich selbst zu öffnen. Dann fließt der Yoga, das Tai Chi Chuan, Zazen, Massage, die Katas des Judo, Aikido und Karate in diesen geöffneten Spalt hinein und können dort ein Feuer entfachen. Vielleicht geht es einem heimlichen Beobachter beim Blick in die Sporthalle ebenso, wie es uns bei einem Besuch im nächsten Jahrtausend erging. Wer weiß, wie schnell sich eine kulturgeschichtliche Entwicklung überspringen läßt, ist das Feuer erst einmal entzündet?

Gewisse Erfahrungen habe ich hiermit bereits machen dürfen.

Ich versuche seit ungefähr einem Jahrzehnt, meditative Praktiken aus anderen Kulturräumen mit den gewohnten Sportinhalten zu einer Synthese werden zu lassen. Und ich stoße überall dort auf fruchtbaren Boden, wo das Feld bereits vorbereitet wurde. Andere Schüler locke oder provoziere ich ein wenig, bis sie – neugierig geworden – beginnen, sich für das Neue im Sport zu interessieren bzw. das Alte im Sport wiederzuentdecken. Am liebsten verbinde ich bewußtes Dehnen mit Tai Chi Chuan. Aus der meditativen Klarheit heraus läßt es sich leicht und fließend auf die anderen zugehen. Sensitivspiele sind eine außergewöhnlich spannende Meditation, wenn sie mit Echtheit und spielerischem Ernst betrieben werden. Alle Praktiken und Bewegungsformen werden im Schulsport möglich, wenn es dem Sportlehrer gelingt, die Mauer des tief in den Schülern sitzenden Leistungs- und Konkurrenzdenkens zu durchbrechen. Gelingt es, neben dieser engen Wirklichkeitsschiene auch eine Toleranz für andere Sinnorientierungen im Sport zuzulassen, so ist bereits viel gewonnen. Besonders dann, wenn ich etwas anzubieten habe, was noch tiefer im Menschen als das gesellschaftlich anerzogene Denken verwurzelt ist: Das Bedürfnis nach In-Sich-Sein und das Bedürfnis nach zwischenmenschlicher Nähe. Beides kann über freies Tanzen, Sensitivübungen und -spiele, sanftes Dehnen, verschiedene Formen der Selbst- und Partnermassage, Zentrierungs- und Entspannungsübungen, Singen und meditative Bewegungsfolgen eintreten. Dann kann ein Schüler dem Sportlehrer schon einmal einen Brief schreiben, wie ihn normalerweise ein Sportlehrer in seiner ganzen Laufbahn niemals erhalten dürfte:

„Dein Sportunterricht hat mir einen kräftigen Impuls gegeben, mein Leben zu verändern. Sein Einfluß ist mit anderen ähnlich wirkenden Impulsen zusammengekommen, hat sich mit ihnen vereinigt und ist zu einem großen Strom angewachsen. Ich kann wieder sehen, riechen und schmecken. Die Wirklichkeit hat für mich einen helleren Ton angenommen.
Ich kam zu Dir voller Vorurteile, doch mit einem Funken Hoffnung.
Jede Woche bin ich ein bißchen aufgetaut, habe ich erstaunliche Erfahrungen gemacht.
Bald war für mich der Sportunterricht eine der Oasen in einer Schulwüste, zu denen ich fliehen konnte, wenn mir das Trinkwasser und die Feigennahrung ausgingen.

Vieles habe ich aus dem Sportunterricht mitgenommen
Auch glaube ich, daß ich von dieser Kraft, die ich bei Dir
gespürt habe, etwas mitbekommen habe oder ist meine
Kraft in mir wiedererwacht? Bereits nach einigen Wochen
begann ich, meinen Körper wieder zu spüren.
Ich entdeckte, daß ich atmete und wie falsch ich atmete.
Unsere Gespräche im Anschluß an den Unterricht haben
mir sehr geholfen, die Ursache für meinen verflachten,
kümmerlichen Atem herauszufinden. Ich lasse mich nun
nicht mehr so rumschubsen und beeindrucken wie früher.
(Selbst in der Abiturprüfung habe ich dem Prüfer die
Meinung gesagt. Er war sogar sehr angetan davon, was ich
bei ihm gar nicht vermutet hätte.)
Schade, daß die gemeinsame Zeit nun vorbei ist.
Irgendwann lebt sie aber weiter in mir und wird ihre
Früchte tragen. Bitte, bitte mach so weiter und laß Dich
von niemandem von Deinem Weg abbringen.
Schön, daß Du Lehrer in der Schule bist.
     Es grüßt Dich herzlich
     Dein B.

Etwas zum Bewegen

Du hast nun so viel von anderen gelesen.
Vielleicht ist jetzt wieder der Zeitpunkt gekommen, eine kleine Lesepause einzulegen.
Nimm einmal unsere aufrechte Sitzhaltung ein und lege hierbei die Hände ineinander in den Schoß.

Laß Dir jetzt erst einmal ein wenig Zeit, den Atem Dir bewußt zu machen ...
Nun hebe die rechte Hand aus Deinem Schoß heraus und bewege sie gemeinsam mit Deinem Unterarm zur Seite, so daß die Hand mit den Fingerspitzen seitwärts von Dir weg zeigt.
Die Handinnenflächen zeigen nach oben.
Es ist die Bewegung des Sämannes, der die Samen aus seiner Schürze nimmt und zur Seite hin ausstreut.
Mit der Seitwärtsbewegung von Arm und Hand, wendest du ebenfalls den Kopf nach rechts und atmest ein.
Mit dem Ende des Einatmens beginnt die Rückführung der Hand in Deinen Schoß und das Ausatmen in dieser Bewegung.
Wenn Deine Hand nun in Deinem Schoß angekommen ist, beginnt die linke Hand und der linke Unterarm mit Deinem Einatmen die Bewegung nach links, der Kopf wendet sich nach links und so fort ...
Nimm alle Spannung aus Deinen Armen und Händen heraus und führe diese kleine Bewegung — wie in Zeitlupe — im Einklang mit Deinem Atem aus.
Innere und äußere Bewegung sind in Harmonie.
Wenn Du Dich richtig hierauf einläßt, wirst Du etwas Bemerkenswertes erleben ...

Wer kultiviert hier sein Ego?
— das Verhältnis zum Lehrer

„Schön, daß Du Lehrer in der Schule bist", schrieb mir der Schüler. Andere fluchen auf mich.

Sie fluchen besonders dann, wenn es ihrem Ego an den Kragen geht. Sie werden aggressiv, wenn ich das gefährde, was ihr Selbstverständnis ausmacht: „Getroffener Hund bellt"

Wenn ich ihnen vorlebe, daß es ohne Auto, Fernseher und Zigaretten geht, sogar recht gut geht, dann stoße ich auf die pure Aggression. Und dennoch ist hierin auch Bewunderung angelegt und die Sehnsucht nach dem anderen.

Doch die Überwindung des Ego und die Entdeckung dessen in uns, was über die Grenzen des vergesellschafteten Selbst hinausgeht, bedarf bewußter Impulse und eines Lehrers, der diese Impulse zu geben versteht. Autos, Fernseher, Zigaretten, Mode und andere Drogen sind zur Gewohnheit und Notwendigkeit für das Ego geworden, damit es seine Existenz verlängern und festigen kann. Es sieht sich gefährdet, wenn jemand behauptet, all dies sei nicht notwendig und sinnvoll. Noch schärfer fällt die Reaktion aus, wenn ein anderer glaubhaft vorlebt, daß er auf die gängigen Drogen gut verzichten kann.

Daher glaube ich, daß ein Lehrer, der seinen Schülern seine ganze Klarheit entgegenbringt, immer auch deren Aggression auf sich lenken wird. Die alten Zen-Meister zeigten ihre Klarheit auch mit Stockhieben, Ohrfeigen, ja regelrechtem Verprügeln. Unvorstellbar für unsere Zeit und auch nicht notwendig. Es gibt andere Formen des Deutlich-Werdens. Doch diese harte Deutlichkeit mit oder ohne Worte — als nackte, ungeschminkte Wahrheit — ist schon notwendig, um die erforderlichen Impulse zu erhalten. Die Schule ist ein schlechtes Beispiel für die Erläuterung der Schüler-Lehrer-Beziehung.

Zur echten Schüler-Lehrer-Beziehung gehört Freiwilligkeit und Vertrauen. Schule ist normalerweise so angelegt, daß eher Zwang und Mißtrauen vorherrschen. So kommt es, daß dort häufig Schüler sitzen, die sich nicht als Schüler empfinden und oftmals Lehrer unterrichten, die überhaupt keine Lehrer sind. Von einem Lehrer lernen wollen, heißt, sich dem Wissen *und* dem Wesen des anderen anvertrauen *wollen*. Lehrer sein bedeutet wiederum auch Schüler ablehnen können, denen man kein Lehrer sein kann und will. Derartiges ist in der gängigen Schule nicht möglich.

Dem „Lehrer" wird der „Schüler" durch die Institution verordnet und umgekehrt ist es ebenso. Niemand fragt danach, ob der Schüler reif für seinen Lehrer ist. Es interessiert niemanden, ob er innerlich geöffnet für das ist, was der Lehrer ihm zu bieten hat. Auch fragt niemand danach, ob der zugeordnete Lehrer tatsächlich der Mensch ist, den der Schüler für seine Entwicklung braucht. Es wird so getan, als ob Wesentliches von jedem an jedermann weitergegeben werden kann, solange nur die formalen Voraussetzungen stimmen. Doch dies ist ein Trugschluß und eine maßgebliche Ursache für das pädagogische Versagen des gegenwärtigen Schulsystems.

Wie lernbegierig, voller Vertrauen sind unsere Erstkläßler, wenn sie in die Schule kommen. Was macht die Schule mit diesem wunderbaren Interesse an Lerninhalten und an einem Lehrer? Sie macht die Schüler abhängig von Belohnungen in Form von Sternchen, Häkchen und Noten. So werden innere Haltungen zu außengeleiteten Verhaltensweisen umgewandelt. Hierhinter steckt wohl auch das Mißtrauen des Schulsystems in die eigenen Bildungsgehalte.

Zu Lernendes wird während der Schullaufbahn eines Kindes immer mehr zu Lernstoff umdefiniert. Das Ganzheitliche im Lernprozeß verkümmert zunehmend und schrumpft zum Unterrichtsstoff, den es vom Lehrer möglichst effektiv zu vermitteln und abzuprüfen gilt.

Es genügt hierbei, wenn der Schüler darauf vertrauen kann,

daß der Lehrer einen Wissensvorsprung vor ihm hat. Aber das Vertrauen auf den Lehrer als ganzen Menschen erscheint als überflüssig und eher störend.

Wenn Schule sich nur als eine Institution zur Wissensvermittlung verstehen würde, wäre eine derartige Lehrer-Schüler-Beziehung noch einsichtig. Doch Schule will mehr sein. Sie will Persönlichkeiten prägen und Zwischenmenschlichkeit stiften.

Aber in der herkömmlichen Schule wird dies weitgehend dem heimlichen Lehrplan einer vorwiegend technokratischen Schüler-Lehrer-Beziehung überlassen. Echtes Interesse aneinander und Sich-vertrauensvolles-Hingeben wird hierdurch nicht begünstigt.

Ist Vertrauen als „Sich-vertrauensvolles Hingeben" an einen Lehrer überhaupt etwas, was man fordern sollte? Sollte man einem Lehrer gegenüber nicht auch äußerst mißtrauisch sein? War die Lehrer-Schüler-Beziehung im Zen-Buddhismus nicht etwas, was man lieber mit einer gesunden Portion Skepsis betrachten sollte? So könnte Herrigels Beschreibung auch abstoßend wirken:

> „Der japanische Schüler bringt derlei mit:
> gute Erziehung, leidenschaftliche Liebe zu der von ihm gewählten Kunst und kritiklose Verehrung des Lehrers. Das Lehrer-Schüler-Verhältnis gehört seit altersher zu den grundlegenden Bindungen des Lebens und schließt daher hohe Verantwortung des Lehrers in sich ein, weit über den Rahmen eines Unterrichtsfaches hinaus."

Ich bin ein kritischer Geist.

Daher prüfe ich zunächst einige Zeit lang, ob ein Lehrer für mich geeignet ist. Ich erlernte das Tai Chi Chuan bei verschiedenen Lehrern aus dem In- und Ausland. Doch nicht jedem konnte ich mich anvertrauen.

Bei einem Lehrer merke ich sehr schnell, daß er über die Beziehung zu uns Schülern sein Ego aufbaute. Er genoß es,

Herrschaft auszuüben, wendete die übelsten gruppendynamischen Methoden an, um unseren Widerstand gegen ihn zu brechen. Ich erinnere mich noch sehr gut an folgende Situation: Eine Frau übte Kritik daran, daß er noch eine zusätzliche Gebühr für den Kurs forderte. Er schrie sie an, sie solle sich in die Mitte des Sitzkreises setzen. Nach wiederholter Aufforderung tat sie es.

Daraufhin schrie der „Lehrer" uns an, daß jeder, der auch Kritik an ihm habe, sich zu ihr in den Kreis setzen solle. Mit Herzklopfen entschied ich mich, ebenfalls in die Kreismitte zu gehen. Andere folgten diesem Beispiel. Es wurden immer mehr. Er war verblüfft, da er gehofft hatte, seine Kritiker zu isolieren. Hätte man nun ein intensives Miteinander-Streiten erwartet, so wurde man enttäuscht. Er schrie uns nur ohne Unterbrechung an, wir hätten nur Scheiße im Kopf, er wäre nicht da, unser Ego zu kultivieren und so fort. Derartige Situationen spielten sich mehrmals ab.

Charakteristisch hierfür war auch sein Anliegen, daß wir ihn mit „Meister" anreden sollten. Er begründete dies damit, daß er zwar für einen Tai-Chi-Meister noch zu jung wäre, aber Yoga-Meister sei.

Eher hätte ich mir die Zunge abgebissen, als ihn einen „Meister" zu nennen. Nach einigen Tagen beschlossen einige Teilnehmer – auch ich – das Camp frühzeitig zu verlassen. Ich denke, daß es gut war, diesem Lehrer kein kritikloses Vertrauen entgegenzubringen.

Es dauerte lange, bis ich diese Enttäuschung überwunden hatte und mich auf die Suche nach einem neuen Lehrer im Tai Chi Chuan machen konnte. Ich hatte diesmal Glück. Ich fand eine Lehrerin, bei der ich recht bald merkte, daß ich ihr vertrauen konnte. Sie zeigte uns unsere Grenzen auf, ohne sich hierdurch über uns zu erheben. Ihre Bewegungsqualität stand im Einklang mit ihrer Person. Wie hölzern-mechanisch wirkte da im Nachhinein die Bewegung des anderen Lehrers!

Auch hatten wir bei ihm ständig das Gefühl, daß er bewußt

den Lernprozeß verzögerte, um uns nicht zu schnell aus seiner Abhängigkeit zu entlassen.

Er gewährte uns nur wenige Übungsstunden pro Tag. Unsere Lehrerin hingegen arbeitete mit uns bis zu zehn Stunden am Tag. Sie übte mit Einzelnen sogar bis in die Pausen hinein; ihr Essen wurde so manches Mal kalt. Welch ein Unterschied: Hier das finanziell begründete Abwägen des eigenen Kräfteeinsatzes, dort der Wunsch, unermüdlich zu helfen, die eigene Kompetenz einzusetzen und den anderen hiervon zu geben.

Beide Tai-Chi-Lehrer hatten bei chinesischen Meistern ihre Ausbildung im klassischen Tai Chi Chuan erfahren. Das Vorbild dieser Meister wird in die Lehrerrolle beider Tai-Chi-Lehrer eingeflossen sein.

Ich denke, daß man durchaus bis zu einem gewissen Punkt kritisch prüfen sollte, ob man sich dem Lehrer anvertrauen kann. Unsere Beispiele zeigen, daß die Ausbildung bei einem chinesischen Meister noch lange keine Garantie dafür ist, auch selbst ein guter Lehrer zu sein. Irgendwann kommt jedoch jede Lehrer-Schüler-Beziehung an eine Punkt, an dem ich mich für oder gegen den Lehrer entscheiden muß. Entscheide ich mich für ihn, so soll mein vorsichtiges Mißtrauen einer vertrauensvollen Annahme des Lehrers weichen. Wie schön ist es dann, ohne das ständig bohrende Mißtrauen, sondern voller Liebe zum Lehrer seine angebotenen Impulse wahrzunehmen. Wie wohltuend ist das Vertrauen darauf, behutsam und sorgfältig betreut zu werden. Wie gern lernt ein Mensch bei einem Lehrer, dem er vertrauen kann. Und hier geht der Lernprozeß wirklich über das Fachliche und das Sich-unbewußt-Einschleifende hinaus.

Erst das volle Vertrauen zu einem Lehrer, läßt den Schüler sich selbst für das Ganze öffnen. Zen aber ist das Ganze im Menschen und verlangt nach einem Lernprozeß, der über die Kultivierung der sichernden Grenzen hinausgeht: „... so kann es ihm aufdämmern, wie hohl und schal, ja lebenswidrig alle rationalistischen Reduktionen sind, wenn sie auf ein Lebendiges stoßen, das werden will. Folgt er diesem aber, so bekommt er bald eine Ahnung, was es heißen will, ‚jene Pforten aufzureißen, an denen jeder gern vorbeischleicht'".

Was hier C. G. Jung auf den psychotherapeutischen Prozeß bezog, gilt genauso für alle Lernprozesse, die Wesentliches zum Thema haben. Die Schüler-Lehrer-Beziehung im Zen war und ist immer mehr als die Vermittlung irgendwelcher Kulturtechniken, sondern ist ein Lernen des ganzen Menschen. Hierbei wird nicht in Bewußtes und Unterbewußtes unterteilt, nicht in außen und innen unterschieden, der Körper nicht von der Psyche abgespalten.

Zen in der Kunst des Sports hat hier hervorragende Voraussetzungen. Der Körper ist nicht vorweg bereits ausgeschlossen, wie es bei den meisten unserer schulischen Lernsituationen der Fall ist. Andererseits liegt hierin auch die Gefahr, daß

Alles in allem: Zen ist — was nachdrücklich betont sei — eine Sache persönlichen Erlebens. Gibt es irgendetwas in der Welt, was man als reine Erfahrung bezeichnen könnte, so ist es Zen. Weder ein Berg von Büchern, noch eine Unzahl von Lehrern machen je einen Menschen zum Meister des Zen.
Das Leben muß in der Mitte seines Flusses erfaßt werden ...

Daisetz T. Suzuki,
Die große Befreiung

im Sport nur der Körper zum Thema wird und alles andere hiervon getrennt bleibt. Ein Bewegungslehrer sollte sich seiner Verantwortung für den ganzen Menschen bewußt sein, wenn er Schüler annimmt. In der Bewegung des Schülers drückt sich auch immer lebensgeschichtlich Erfahrenes aus und wird somit auch einer Bearbeitung zugänglich.

Dort wo die Lehrer-Schüler-Beziehung nicht durch institutionalisierte Vorgaben gegängelt wird — zumeist erst außerhalb der eigentlichen pädagogischen Institutionen — kann etwas entstehen, das mehr bedeutet als leistungsfixierte Körperarbeit im sportlichen Handlungskontext.

Der Bewegungslehrer kann dem Schüler, der sich für ihn öffnet, Hinweise geben, die an der Körperhaltung und der Bewegung des Schülers ansetzen. Dies meint nicht die Gleichsetzung von pädagogischer und psychotherapeutischer Arbeit. Es verweist aber darauf, daß Bewegung mehr ist als motorische Veränderung in Raum und Zeit und eine ganzheitlichere Sichtweise von Haltung und Bewegung auch ein ganzheitlicheres Lernen ermöglicht.

Wer hat schon — außer dem Kreis der üblichen Eingeweihten — darüber nachgedacht, wie Körperhaltung und Bewegungsfluß zusammenhängen, wie biografisch Erfahrenes und Wirbelsäulenformung korrespondieren und wie persönliche Biografie und gesellschaftliche Verhältnisse über den Leib des Menschen miteinander verknüpft sind?

Ein Zen-Lehrer der Bewegung kann hier viele Hinweise und Impulse geben. Er kann Dir den Blick auf Wege eröffnen, die Dich zu Deinem Lehrer in Dir führen. Wenn aber Dein äußerer Lehrer merkt, daß Dein innerer Lehrer wirksam wird, so zieht er sich zurück. Sein Werk ist getan. Alles andere ist Deine eigene Sache.

Vom Gesundheitswert meditativen Sports

Gesundheit soll hier wesentlich umfassender gesehen werden, als es ansonsten im Sport üblich ist. Sport als einfaches Mittel und Instrument zur Vermeidung von Krankheit zu betrachten, ist mehr als verkürzt. Katja Ebstein radelt und trimmt als Werbemäuschen für den Deutschen Sportbund. Dies suggeriert, als ob Gesundheit etwas wäre, daß man über die Verbesserung ausschließlich der individuellen Fitness erreichen könnte. Gesundheit als umfassendes Wohlbefinden und positiver Lebensentwurf läßt sich über das Treten von Fahrradpedalen allein wohl nicht erreichen. Erst ein verkürztes und einseitiges Verständnis vom gesunden oder kranken Menschen läßt glauben machen, Sport und Gesundheit seien zwangsläufig miteinander verknüpft und folgerichtig auseinander ableitbar.

Glauben wir hingegen, daß Gesundheit auf der Ganzheit und wechselseitigen Vernetztheit sozialer, körperlicher und psychischer Aspekte des menschlichen Wohlbefindens basiert, so genügt es bei weitem nicht, über sportmotorische Tests den Gesundheitszustand eines Menschen festzustellen und therapeutische Vorschläge hieraus ableiten zu wollen. Ein zu enges Gesundheitsverständnis der Sportmedizin läßt den Klienten erst in den Blick geraten, wenn er zum „Fall" geworden ist, oder wenn es darum geht, nach den Grenzen und den Bedingungen seiner Leistungsfähigkeit im Rahmen hochleistungssportlichen, aber auch breitensportlichen Engagements messend zu suchen. Natürlich spiegelt die Sportmedizin das wider, was auch ansonsten in der Gesellschaft dominiert. Westliche Rationalität in der Sportmedizin sorgt für ein analytisch-sezierendes Verhältnis zum Menschen.

Der Mensch erscheint vor allem als Menschenkörper, der bis in die kleinsten Bereiche aufgeteilt wird, wobei für jedes Segment ein anderer Spezialist zuständig ist. Der Mensch als Ganzes und somit die Wurzeln seiner Krankheit gehen auf diesem Weg wissenschaftlicher Arbeitsteilung verloren. Doch selbst wenn gesellschaftliche und psychosomatische Aspekte des Gesund-seins und des Krank-seins berücksichtigt würden, könnten wir noch nicht vom Zen in der Kunst der Sportmedizin sprechen.

Ein ganzheitliches Gesundheitsverständnis müßte auch spirituelle Aspekte des menschlichen Lebens einbeziehen. Dann hieße Gesund-sein auch: innere Erfahrungen, ohne nach außen hin abzuschalten; ein in-der-Welt-sein, das über die Wahrnehmungen des Ego hinausgeht; ein Zustand harmonischer Balance zwischen Mikrokosmos (Mensch) und Makrokosmos (Universum).

Ein derartiges Verständnis von Gesundheit würde den Blick des Sportmediziners sofort auf fremdkulturelle Bewegungspraktiken lenken. Tai Chi Chuan, Yoga, Akupressur, Shiatsu und Za-Zen sind meditative Praktiken mit einem hohen Gesundheitswert, der nicht nur über ihre meßbaren physiologischen Wirkungsweisen erklärbar ist. Im fernen Osten versuchte man, die spirituelle Dimension von Erkrankung und Heilung über den Begriff der Lebensenergie zu deuten und zu erklären. Tai Chi Chuan fördere den freien Fluß der kosmischen Energie „Chi" im Mikrokosmos Mensch, Yoga entwickkele den „Prana" im Menschen und Shiatsu löse Blockierungen des „Ki" auf. Sicherlich ist die Heilwirkung dieser Praktiken auch auf ihre funktionell interpretierbare Dimension zurückzuführen. Die langsamen Bewegungen des Tai Chi Chuan aktivieren offensichtlich den Parasympathikus, Yoga verbessert ohne Zweifel die Durchblutungsfähigkeit und Shiatsu wirkt auf Nervenzentren ein, die auch der westlichen Medizin inzwischen bekannt sind. Dennoch würde ein wichtiger Bezug außer acht gelassen, wenn nun versucht würde, fernöstliche

Eine volle Entfaltung der menschlichen Organ-
und Sinnesvermögen wird zur Grundlage einer
Gesundheitserziehung im weitesten Sinne und in
der größten Breite.
Von positiven Erfahrungen und Vorstellungen von
Gesundheit ausgehend,
werden die Fähigkeiten der Menschen und ihr
Wille gestärkt, Verhaltenssicherheiten im
Umgang mit sich selbst und der Umwelt zu
gewinnen
gegen ein eigenes Fehlverhalten wie gegen
schädigende oder behindernde Bedingungen von
außen.
Nur wenn man bessere Reize bieten kann
als Rauchen und Streß z. B.
kann man auf selbständige Mitarbeit hoffen.
Stärkere Befähigung, Lebensrhythmen aus
inneren Rhythmen und im Einklang mit ihnen
— wie Atmung und Kreislauf — zu bestimmen,
ist die Bedingung für Selbständigkeit, Kompetenz
und Verantwortung für die eigene Gesundheit.
Für diese ist,
bei der komplexen Unterschiedlichkeit jeder
individuellen Konstitution, Charakterbestimmung,
Lebensgeschichte,
Existenzbestimmung
letztlich der Betroffene der wichtigste Experte.

     Rudolf zur Lippe, Entfaltung der Sinne

Praktiken in ihrem Gesundheitswert so zu untersuchen, wie es die Sportmedizin mit westlichen Bewegungsübungen tut.

Wie will man denn über sportmotorische Tests feststellen, ob das „Chi" des Menschen harmonisch pulsiert oder ob „Es" läuft, springt oder den Bogen spannt?

Natürlich kann es manchmal helfen, fremdkulturelle Bewegungsübungen mit Versuchsgruppen vergleichend und im Sinne medizinischer Tests durchzuführen. Dies erleichtert die kulturelle Annahme – nun auch wissenschaftlich „ausgewiesener" – meditativer Praktiken. Dennoch können hierdurch kaum Aussagen über die therapeutische Wirkung prognostiziert werden. Nur eine umfassende Deutung von Bewegung läßt Aussagen über den Gesundheitswert einer Bewegungsgewohnheit zu. Hierzu ist es unerläßlich – neben den funktional vermittelten Einflüssen auf den menschlichen Körper – die gesellschaftlichen Rahmenbedingungen, die Lebensgeschichte und die spirituelle Orientierung des sich bewegenden Menschen einzubeziehen. Satori-Erlebnisse für die Sportmedizin könnten von einem solchen Bewußtsein getragen sein.

Erst wenn ein Mensch begründeten Anlaß hat, sich in Harmonie mit seiner Umwelt zu befinden, erst dann wird Zen in der Kunst des Sports seine Gesundheitswirkung entfalten können. Dies setzt eine Durchdringung und Aufarbeitung der eigenen Lebensgeschichte voraus, so daß der Augenblick vom lebensgeschichtlichen Ballast befreit wird. Dies setzt des weiteren gesellschaftspolitische Rahmenbedingungen und regelmäßig wiederkehrende soziale Situationen voraus, die ein Genießen des Hier und Jetzt zulassen oder sogar begünstigen. Und es erfordert eine spirituelle Orientierung auf den Augenblick, der nicht nur aus der Perspektive des Egos zu erleben ist. Hierin sind die Voraussetzungen für das Gesund-Sein des ganzen Menschen und für die Gesundheitswirkung meditativer Bewegungspraktiken zu suchen. Daß sich diese Voraussetzungen weniger durch einen Arzt, sondern durch das Handeln des Betroffenen einstellen können, versteht sich von selbst.

Zen in der Kunst des Sports und des Lebens

Alles Großartige wurde bisher stets auch mißbraucht.

In der hochindustrialisierten Waren- und Dienstleistungsgesellschaft hat dieser Mißbrauch System und Methode. Alles, was die Bedürfnisse der Menschen anspricht, wird auf seine Vermarktbarkeit hin überprüft.

So verwundert es nicht, daß der Sport schon längst zum Objekt gesellschaftlicher Verwertungsinteressen geworden ist. Die Werbung suggeriert dementsprechend, daß gelungener Sport nur in modischen Trainingsanzügen, entsprechenden Turnschuhen und mit einem Vielerlei an freizeitsportlichen Gerätschaften möglich sei. Ein derartig ausgerüsteter Mensch hat sich auch an den Verhaltensweisen zu orientieren, die im Sport aus der Sicht der Gesellschaft zu pflegen sind. Mit dem Sport-treiben hängen normalerweise konkurrenz- und leistungsbetonte Orientierungen zusammen, die an den Sportler recht verbindlich herangetragen werden.

Sport, der den Menschen innerlich und äußerlich derartig ausrüstet, kann als eine Form der Naturbeherrschung am Menschen angesehen werden, die besonders tückisch ist, da sie an dem ansetzt, was ihm am nächsten steht – an seinem Körper.

Das gleiche Schicksal scheint den meditativen Praktiken anderer Kulturen zu blühen. Der sich andeutende Paradigmenwechsel in der Bewegungskultur zieht das Vermarktungsinteresse auf sich und sorgt gleichermaßen für Interessenten, die das Neuentdeckte in bekannte Bahnen zu lenken versuchen. Sicherlich gibt es immer noch ernsthafte und vielversprechende Bemühungen um den Eintritt in das Neue Zeitalter. Doch New Age hat schon wieder allerhand Geier auf den Plan gerufen. Man kann es zwar niemandem verdenken, daß er lieber seinen Lebensunterhalt mit dem Vertrieb esoterischer Kassetten oder dem Unterrichten von Yoga verdient. Hierin liegt noch nichts Negatives. Doch wenn das Bedürfnis der Menschen nach einer echten Wende im gesellschaftlichen und spirituellen Leben zur Gründung konzernähnlicher Gebilde, zur Herausformung auf New-Age geputzter Management-Philosophien und computergesteuerten Produktabsatz führt, hat nur eine Modernisierung und Attraktivitätssteigerung des Altgewohnten stattgefunden.

Hierbei können derart eingesetzte Meditationspraktiken und esoterische Denkweisen noch wesentlich gründlicher ihr Geschäft verrichten, als dies der Sport vermag. Sie gründen sich auf der tiefen Kenntnis des Menschen und sind in ihrem Erlebensanspruch wesentlich totaler als es der Sport jemals aus sich heraus sein kann. Zusätzlich werden sie mit einer funktionalen Philosophie des positiven Denkens verbunden, die den Menschen so handlich werden lassen, daß er niemandem mehr unbequem werden kann. Dies habe ich in einer New-Age-Zeitung eines Konzerns der Wendezeit gefunden:

> Ich nehme mir heute vor:
> So stark zu sein, daß nichts meinen Seelenfrieden stören kann.
> Mit jedem, den ich treffe, über Gesundheit, Glück und Wohlstand zu sprechen.
> Die positive Seite aller Dinge zu sehen
> und optimistisch zu sein.
> Nur an das Beste zu denken,
> nur für den Besten zu arbeiten
> und nur das Beste zu erwarten.
> Sich genauso über die Erfolge anderer zu freuen,
> wie ich mich über meine eigenen freue.
> Fehler der Vergangenheit zu vergessen
> und den höheren Zielen der Zukunft zuzustreben.

Immer guter Laune zu sein
und jeder lebendigen Kreatur, der ich begegne,
ein Lächeln zu schenken.
Soviel Zeit darauf zu verwenden,
mich selbst zu verbessern,
daß ich keine Zeit habe,
andere zu kritisieren.
Zu groß für Sorge,
zu edel für Ärger,
zu stark für Furcht zu sein
und zu glücklich,
um Schwierigkeiten in meiner Gegenwart zu dulden.

George Orwell läßt grüßen. Ich nehme mir heute vor, immer lieb und artig zu sein und mich über alles zu freuen, auch wenn es mir schadet. Mir wird übel.

Aber es ist tatsächlich so: Die Naturbeherrschung am Menschen wird immer subtiler und versucht durch ihre Erweiterung um einen spirituellen und esoterischen Touch nun auch die Kreise zu erreichen, die sich zu entziehen suchten. Meditative Praktiken – wie z. B. Zazen und Yoga – werden gern hierzu herangezogen, um dem Bedürfnis nach Ganzheitlichkeit zu genügen. Kritik ist nicht erwünscht und stört:

„Ich nehme mir heute vor, soviel Zeit auf mein Yoga zu verschwenden, daß ich keine Zeit mehr habe, andere zu kritisieren, zu groß für Sorge, zu edel für Ärger."

So läßt sich natürlich auch der Sport gesellschaftskonform umformen. New-Age-Sport ist natürlich sanfter Sport.

Es ist doch herrlich, wenn die Arbeitskraft des Menschen auf eine schonende, ja sogar leibökologische Art und Weise reproduziert wird. Wem nützt schon der Meniskusabriß oder die Bänderdehnung in der Hitze des Gefechts?

Vor allem ist es tröstlich zu wissen, daß all dies, was unsere Gesellschaft dem Menschen ansonsten nicht bieten kann, in einem meditativ begriffenen Sporttreiben wahrgenommen wird: Kultivierung der Innerlichkeit, Harmonie von Innen und Außen und das Gefühl, sich in seinem Lebensrhythmus zu bewegen. Ja es ist geradezu ein Glücksfall, daß uns die Beschäftigung mit New Age den meditativen Gedanken für unsere Freizeitgestaltung näher gebracht hat. Dies fängt die weitere technologische Entwicklung und Veräußerung des Menschen in seinen Arbeitsprozessen auf.

Das Leiden am Arbeitsplatz bekommt einen ganzheitlich-gesunden Ausgleich über fremdkulturelle Meditationspraktiken, einen meditativ begriffenen Sport und einen Schuß positives Denken:

„Ich nehme mir heute vor, so stark zu sein, daß nichts meinen Seelenfrieden stören kann. Mit jedem, den ich treffe, über Gesundheit, Glück und Wohlstand zu sprechen."

Jedes totalitäre System würde sich über einen solchen Wendezeit-Menschen freuen. Laß Dich unterdrücken und lächele. Arbeite enfremdet, bist Du fix und alle bist und meditiere zum Ausgleich. Selbst wenn Du vergiftete Nahrung aufnimmst und radioaktiver Fall-out auf Dich herabregnet, rede mit jedem, den Du triffst über Gesundheit, Glück und Wohlstand. Zu groß für Sorge, zu edel für Ärger.

Und wenn das benachbarte Atomkraftwerk hochgeht: Lächele – zu stark für Furcht zu sein, und zu glücklich, um Schwierigkeiten in meiner Gegenwart zu dulden.

Und in der Tat: Der Zen-Gedanke hat im Fernen Osten vielfach und in ständiger historischer Wiederholung dazu gedient, Menschen still zu halten und ruhig zu stellen. Alles hat keine Bedeutung, auch das nicht, was mir objektiv schadet und mich unterdrückt. Doch wenn es keine Bedeutung hat und unwesentlich ist, brauche ich mich nicht dagegen zu wehren. Falls es mich doch überkommt, setze ich mich in den Lotussitz und konzentriere mich auf meinen Atem, kontempliere das Problem weg ...

Lieber Leser, was nun? Habe ich Dich verwirrt? Erst versuche ich Dich, mit meditativen Praktiken und einem meditativen Sport vertraut zu machen, und nun ziehe ich alles in den Dreck! Nein, das habe ich nicht vor.

Aber ich will auf Gefahren aufmerksam machen, die im gesellschaftlichen Versuch angelegt sind, Praktiken und Denkweisen zu vereinnahmen, die tiefer und weitergehender angelegt sind, als wir es bisher gewohnt sind. Dies ist kein Plädoyer gegen diese Praktiken selbst, sondern eine Warnung vor den Menschen und den gesellschaftlichen Strukturen, die diese für sich einzusetzen versuchen.

Zen in der Kunst des Sports ist tatsächlich die Bewegungskultur eines echten New Age, das an den Grundlagen der existierenden Gesellschaft genauso rüttelt, wie es der meditativ begriffene Sport mit den Grundlagen des existierenden leistungssportlichen Systems tut.

Positives überspringt die kulturellen Grenzen und entsteht überall dort, wo es Menschen gelingt, ihr Wesen zu entdecken, auf ihre innere Stimme zu hören und solidarisch gesellschaftliche Grundlagen zu schaffen, in denen der Sport nicht mehr zur Kompensation ungelebten Lebens und zur Reproduktion der Arbeitskraft eingesetzt werden muß. In einer Gesellschaft, deren Struktur die Entfaltung des menschlichen Wesens begünstigt und fördert, wird der meditativ begriffene Sport zu einer Bereicherung unter vielen anderen Zen-Künsten des Lebens.

Bis dahin läßt er sich als Modell und Utopie begreifen, wie das Leben leben will, wenn es nur könnte. Es gibt uns einen am eigenen Leibe erfahrbaren Vorgeschmack dessen, was wir über unser gesellschaftliches Engagement zu erreichen suchen. Noch steht meditatives Erleben zumeist im Gegensatz zum gesellschaftlichen Alltag. Doch kann die Meditation auch Kraft geben, diesen Alltag zu verändern.

So verstehe ich Positives Denken: Spüre im Laufen in Dich hinein. Hier kannst Du alles entdecken, was auch äußerlich erreicht werden könnte. Dein Körper ist ein einziges Wunder, glaub daran, daß sich dieses Wunder auch in der gesellschaftlichen Organisation des Lebens einstellen wird. Und tue etwas dafür, gemeinsam mit anderen. Freue Dich über Deine herrliche Bewegung und hilf, dieses Erleben auch in anderen gesellschaftlichen Bereichen zu sichern.

> Wo sich gegenwärtig bereits zeigt,
> daß wir nur noch leben,
> weil unterhalb der Organisationsstrategien
> der herrschenden Art von Vergesellschaftung
> noch bei jedem von uns
> Reste zum Teil unbewußten Lebenswissens
> erhalten sind,
> greifen die Technokraten zu,
> um diese Überlebenspotentiale nach ihrem
> Schema sicherzustellen und mit zu
> programmieren.
>
> Rudolf zur Lippe, Am eigenen Leibe

Zen in der Zukunft des Sports — eine Utopie sanfter Körpererfahrung und lebendigen Lebens

> Die nun folgende Utopie
> lädt ein zum Träumen,
> aber auch zur Kritik.
> Ich möchte mit ihr
> noch einmal den Zusammenhang
> zwischen Lebensalltag und
> Bewegungskultur deutlich machen.
> Wenn das hier entwickelte
> utopische Gesellschaftsmodell
> nicht Deinen Träumen entspricht,
> dann entwickele Deinen eigenen Traum
> und schau nach,
> wie sich hierin
> Zen in der Kunst des Lebens
> und Zen in der Kunst der Bewegung
> miteinander verbinden.
> Lies auch anschließend noch das Nachwort,
> denn es ist mehr als ein Anhang.

Lange ist es her, als noch in großen Städten gewohnt wurde.

Abgerissen wurden die Großstadtschluchten. Auch die Fußballstadien und großen Sportarenen kennen wir nur noch von verblichenen Fotografien. Gewohnt wird bei uns in kleineren sozialen Einheiten, Verbünde von einhundert bis zweihundert

Häusern, die durch Schienenwege miteinander schnell erreichbar vernetzt sind.

Heimatforscher haben uns erzählt, daß unser ökologisches Dorf gerade dort entstanden ist, wo sich einstmals das Geschäftszentrum einer hessischen Großstadt befand. Unfaßbar, was sich an dem heutigen Ort der Lebenslust und Harmonie früher alles abgespielt haben soll. Menschenmassen, die aneinander mit stierendem Blick vorbeihetzen. Große Kaufhäuser, in denen sie kauften, was andere für sie hergestellt hatten. Unvorstellbar für die heutige Zeit. — Unsere Häuser sind nach baubiologischen Gesichtspunkten konstruiert und ähneln den alten, aus Lehm gebauten Fachwerkhäusern. Sie sind sternförmig um den Dorfplatz herum gebaut, jedoch so versetzt angeordnet, daß jeweils eine Längsseite der Sonne zugewandt ist. Das südliche Dach besteht zu einem großen Teil aus Solarzellen, die zur dezentralen Energiegewinnung beitragen. Auch heute morgen haben wir uns auf dem Dorfplatz zum morgendlichen Tai Chi Chuan versammelt. Bereits bei Sonnenaufgang hat schon eine erste, frühere Gruppe ihre Übungen ausgeführt. Aber das ist mir zu früh, so übe ich meistens mit dem zweiten morgendlichen Durchgang. Als man sich noch an den Kategorien linearer Zeit orientierte, hätte man diesen Zeitpunkt wohl als 7.00 Uhr bezeichnet. Es lag noch etwas Frühnebel an diesem Morgen auf dem Platz, so daß die Bewegungen der anderen noch schwebender wirkten, als es ohnehin der Fall ist. Wir bewegten uns in einer Bewegungsfolge, die früher einmal die „Peking-Form" hieß.

Berühmte Meister und Heilkundige sollen sich zusammengesetzt und aus den langen Formen des Tai Chi Chuan eine kürzere Sequenzfolge konstruiert haben. So war das Tai Chi Chuan auch für eine breitere Bevölkerungsschicht zugängig, da es nun einfacher und in kürzerer Zeit erlernbar war. Erst ab diesem Zeitpunkt soll es sich über den ganzen Erdball verbreitet haben. Hiervon profitieren wir heute — im Jahre 2058 nach linearer Zeitrechnung — immer noch.

Seit unserer Kulturrevolution ist auch der Wert spiritueller Erfahrung und meditativer Bewegungspraktiken entdeckt worden. Es ist auch ein Ausdruck der relativen Autonomie der in den letzten Jahrzehnten zahllos entstandenen Dorfgemeinschaften, daß recht unterschiedliche Praktiken in den einzelnen Dörfern ausgeübt wurden. Da gibt es Vorlieben für sehr unterschiedliche Stile des Tai Chi Chuans, die noch den verschiedenen asiatischen Traditionsfamilien zu verdanken sind, aber auch neu entstanden und erfunden wurden. Andere Dorfgemeinschaften beginnen ihren Tag gemeinsam mit dem „Gruß an die Sonne", der noch aus dem indischen Kulturraum stammt. Bei uns gibt es auch eine Gruppe, die das meditative Laufen liebt. Hier verbinden sich wohl fernöstliche Zenpraktiken und westliche Bewegungsgewohnheiten miteinander.

Nach unseren Übungen, mit denen wir uns auf den Tag einstimmen, gehen wir gewöhnlich zu unseren Arbeitsplätzen.

Ja, unsere Arbeit!

Wir haben neulich Filme aus dem 20. Jahrhundert gesehen. Da gab es Menschen, die nur wenige Handgriffe an einer Maschine machten. Sie führten diese aber ohne Ruhe, sondern in innerer Hektik und mit gehetztem Bewegungsablauf aus. Und dann haben wir Maschinenstraßen gesehen. Da war kein einziger Mensch. Alles lief ohne menschliche Arbeitskraft ab. Wie überflüssig mußte sich der Mensch damals vorkommen!

Wir sehen zu, daß Arbeitsrhythmus und Lebensrhythmus miteinander harmonieren. Es würde niemandem einfallen, mehr zu arbeiten, als es seinem inneren Bedürfnis entspräche. Allerdings arbeiten wir gern und oftmals viel länger als es die Arbeiter in dem Videofilm vermögen. Dies hängt sicherlich damit zusammen, daß unsere Arbeitsplätze immer so zusammengestellt werden, daß wir einen ganzen Bereich innerhalb eines Produktionsverfahrens oder einer Dienstleistung allein oder gemeinsam ein paar anderen Dorfbewohnern selbstständig übernehmen. Wir achten auch darauf, daß hier sehr vielseitige Anforderungen gestellt werden. Es gibt nicht einen

Arbeitsplatz, an dem nicht der bewußte Umgang mit dem Körper eine wesentliche Rolle spielen würde. So haben wir selbst den Rest unserer noch anfallenden Verwaltungstätigkeit mit z. B. Reinigungsarbeiten oder landschaftspflegerischen Tätigkeiten kombiniert.

Auch der Maschinenbau geschieht grundsätzlich in der Kleingruppe. Jeder hat das Gefühl des Bastelns und Mitreden-Könnens. Manchmal gleichen unsere Produktionsgruppen eher einem schnatterndem Entenhaufen, wenn sie ihre Ideen für das Produktionsverfahren austauschen. Aber ihre Arbeit ist dadurch auch Kontakt und hebt sich somit nicht von anderen Formen des Erlebens ab. Bei uns braucht sich auch niemand extra von der Arbeit auszuruhen. Arbeit ist tiefe Befriedigung und identifizierendes Tun.

Eine künstliche Unterscheidung zwischen Arbeit und Freizeit ist daher bei uns nicht notwendig.

Wenn ich in meinem Rhythmus das Laub mit dem Rechen zusammenkehre, kann ich das Gleiche erleben wie beim Tai Chi. Ruhige und fließende Bewegungen in Übereinstimmung mit meinem Atem. Die ständige Wiederholung der Bewegung lockt mich in eine Stimmung, in der ich mit meiner Umgebung verschmelze. Bin ich es, der den Rechen bewegt oder bewegt der Rechen mich? Das Laub und ich – wer kehrt wen zusammen?

Arbeit ist ein Beitrag zur Entwicklung unserer Gemeinschaft, sie ist aber auch zum Genießen da. Dies wird allerdings erst dadurch ermöglicht, daß die Arbeit im Dorf kollektiv organisiert ist. Zu jedem Jahreszeitenwechsel halten wir auf dem Dorfplatz – und bei schlechtem Wetter im Gemeindehaus – eine Versammlung ab, in der die Arbeitsplätze besprochen und neu verteilt werden. Wenn sich jemand an Versammlungen aus der Zeit vor der Kulturrevolution erinnert, würde er uns wahrscheinlich den Versammlungscharakter absprechen. Zu Beginn jeden Treffens sitzen wir, an unseren Händen gefaßt, im Kreis und verharren in tiefer Meditation. Erst wenn jemand das Gefühl hat, daß unsere Energie durch uns hindurch zu kreisen beginnt, fängt er an, das Wort an die Gemeinschaft zu richten. Im Laufe des Gesprächs bilden sich oft Paare, die sich den Rücken oder die Hände massieren.

Manchmal geht es richtig rund. Streitereien werden offensiv ausgetragen. Sich anschreien und beschimpfen ist bei uns nichts Besonderes. Dies hat eine wichtige Bedeutung in unserem Gemeinschaftsleben. Nur wenn die Aversionen gegen den anderen deutlich gemacht werden, können Streitigkeiten ausgetragen werden. Aus solchen oftmals kollektiven Entladungen entsteht das Bedürfnis nach Eintracht und Sanftheit im Umgang miteinander, ohne daß hier jemand eingreifen müßte. Selten nur spitzt sich eine Kontroverse so zu, daß sie in tiefe Verstimmung und in eine Unfähigkeit zur Problemlösung mündet. Sind wir aber tatsächlich an einem solchen Punkt angelangt, so verstummen wir, schließen den Kreis, fassen uns an die Hände und versuchen erst einmal, unsere gemeinsame energetische Schwingung wieder zu entdecken und zu spüren. Oftmals dauert es dann nicht mehr allzu lange, und die Lösung unseres Problems ist — fast wie von selbst und ohne Worte — herangereift.

Irgend jemand von uns braucht die lösenden Worte dann nur noch auszusprechen. Wir haben sehr viel Vertrauen in dieses Verfahren. Oftmals mündet die Versammlung in ein Fest. Besonders wenn sich eine gelungene Lösung mit einem rituellen Anlaß, wie z. B. Aussaat oder Ernte, verbindet, hat es mit dem Feiern kaum ein Ende. Es wird getanzt, massiert, erzählt — bis tief in die Nacht hinein.

Eine besondere Bedeutung kommt hierbei dem „Ich-sah-Tanz" zu. Hat ein Mitglied unserer Gemeinschaft etwas Besonderes erlebt, freuen wir uns auf seine Darstellung. Alle — Alte, Kinder, Männer und Frauen — sitzen dann gespannt im großen Kreis und schauen auf den Darsteller. Er beginnt seine Geschichte singend „Ich sah ..." und tanzt pantomimisch das vor, was er sah und was er dabei erlebte.

„Ich sah, wie ein Fremder sich an unsere Pferdeherde heranschlich." Der Tänzer imitiert in Zeitlupe die Bewegung des Anschleichens. „Ich sah", singt er weiter, „wie sich der Fremde auf ein Pferd schwingen will. Ich bin mit ein paar Sprüngen bei ihm und reiße ihn vom Pferd." Jetzt starrt alles wie gebannt auf den in der Kreismitte herumspringenden Tänzer, der einen imaginären Eindringling vom Pferd zerrt.

Der Darsteller setzt nun seine Geschichte auf diese Art und Weise fort, und so erleben wir in spannender und faszinierender Form mit, was anderen von uns geschehen ist. Manchmal – bei besonders lockenden Bewegungsmotiven – beginnen einzelne Zuschauer in die Bewegung des Darstellers einzufallen. Es kann auch passieren, daß das ganze Dorf zu tanzen beginnt, tanzt und tanzt, so lange tanzt, bis eine ekstatische Stimmung aufkommt, die nur entsteht, wenn dieses starke Gemeinschaftsgefühl vorhanden ist. Trommeln begleiten den Tanz und das Ganze dürfte wohl jemanden aus der Vorzeit an afrikanische Stammesriten erinnert haben.

Dieses Gemeinschaftsgefühl, das in unseren herrlichen Festen zum Ausdruck kommt, hat eine durchaus materielle und reale Grundlage in der Ordnung unseres Gemeinwesens, die an einer solidarischen Grundhaltung orientiert ist. Dieses Gemeinschaftsprinzip hat sich in allen Lebensstrukturen unserer Gemeinschaft verfestigt und auch den Einzelnen maßgeblich geprägt. Niemandem würde es mehr in den Sinn kommen, für sich selbst erheblich mehr an Mitspracherechten und Besitztümern zu verlangen, als es den anderen zusteht. Wir denken und fühlen als Gemeinschaft, ohne daß der Einzelne seinen Platz in der Welt aufzugeben hätte. Individualität kann erst richtig in einer Gemeinschaft entstehen, in der Verwurzelung und das Gefühl persönlicher Aufgehobenheit möglich ist. Ich könnte jetzt noch vieles von uns berichten, so z. B. über unsere raffinierte und doch naturbejahende Technologie, über unsere Sippen und über die Kommunikation mit den anderen Dorfgemeinschaften, doch ich werde jetzt den Bericht unterbrechen*, da ich den Kindern versprochen habe, ihnen ein Ballspiel – es wurde früher wohl „Korbball" genannt – beizubringen.

Vielleicht sehen wir uns ja einmal? Für ein längeres Gespräch oder eine Massage? Bis dann. Ja?

---

* Dies hat ja Ernest Callenbach in seinem Buch „Ökotopia" bereits ausführlich vorgenommen. Sein Buch hat mich natürlich auch zu obiger Utopie inspiriert.

Nachwort: Höhlensport oder Kunst des Lichts?

Nun nach der Lektüre dieses Buches dürfte sich die Leserschaft in zwei Lager spalten. Die einen werden vielleicht sagen: „Dieses Buch hat mir sehr viel gegeben — für den Sport und auch darüber hinaus. Es ist ein sehr kluges Buch." Die anderen werden jedoch möglicherweise entsetzt über das Gelesene sein: „Wie kann ein Mensch so weltfremd sein!" oder „In welcher Welt lebt der überhaupt?"

Zunächst erst einmal eine berechtigte Frage. Bereits Platon hat sich mit dieser Frage auseinandergesetzt. Kennt jemand das platonsche „Höhlengleichnis"? Du kennst es nicht?

Nun gut, dann möchte ich — frei nach Platon — es kurz erzählen:

In einer Höhle, die vom Tageslicht abgeschnitten ist, leben Menschen, deren Füße und Nacken durch Fesseln derart miteinander verbunden sind, daß sie nur nach vorn schauen können und in ihrer Stellung verharren müssen. Sie schauen auf die gegenüberliegende Felswand und sehen dort die am Fels auf und nieder tanzenden Schatten eines Feuers, das hinter ihnen in der Höhle brennt. Das Feuer selbst können sie allerdings nicht sehen, da sie gefesselt am Boden liegen oder hocken und nicht den Bewegungsspielraum haben, sich umzudrehen. Ein Leben lang kauern sie in zusammengekrümmter und gebeugter Haltung auf dem Boden der Höhle und betrachten die Schatten an der gegenüberliegenden Felswand. Einem Höhlenbewohner gelingt es, sich zu befreien. Er kriecht mühsam den schmalen Höhlengang hoch, der zum Licht führt. Er kommt dem Ausgang näher. Plötzlich trifft ihn der Strahl der Sonne im Gesicht. Er zuckt zusammen. Mit schmerzverzerrtem Gesicht preßt er schnell seine Augen zu. Soll er nicht lieber wieder zurück in die Höhle kriechen? Das Tageslicht blendet den entflohenen Höhlenbewohner und drängt ihn innerlich zurück in das schonende Dunkel der Höhle.

Aber er hält aus und versucht immer wieder, zwinkernd das Tageslicht zu schauen. Tut es am Anfang noch weh, so verändert sich seine Wahrnehmung zusehends. Er treibt blinzelnd sein Spiel mit dem Licht, bis er sich endlich entschließt, die Augen offen zu lassen. Er gewöhnt sich nun recht schnell an das Tageslicht. Er kann nach einiger Zeit vielerlei im neuen Licht erkennen.

Solchermaßen erleuchtet, verbringt er ein Leben voller Entdeckungen in der Welt des Lichtes. Doch eines Tages fallen ihm wieder seine Mitbewohner in der Höhle ein. Wie konnte er nur so egoistisch sein und sie dort so lange in ihrer Gefangenschaft belassen!

Er kriecht den Gang zur Höhle wieder hinunter und tritt in das flackernde Halbdunkel der Höhle ein. Noch immer liegen, sitzen und hocken seine ehemaligen Leidensgenossen gefesselt in der Höhle – mit stierem Blick auf die Schatten des Feuers an der Felswand. Doch er hat Schwierigkeiten, sich an das Halbdunkel der Höhle zu gewöhnen. Er stolpert über einen Stein und fällt hin. Die Höhlenbewohner, die ihn sehen können, lachen laut auf und rufen:

„Da kriecht er schon nach oben, kommt zurück und was tut er? Er fällt hin. Nicht mal in der Höhle kommt er zurecht."

Ihr Lachen hallt von den Felswänden wider und sie wundern sich, wie viele sie in der Höhle sind.

Der Hingefallene aber steht auf und sagt: „Ihr tut mir unrecht. Da draußen die Welt ist viel schöner und erlebnisreicher. Kommt, ich will euch eure Fesseln abnehmen."

Die Höhlenbewohner sind entsetzt. Sie schreien empört durcheinander: „Laß uns nur in Ruhe! Du hast uns gerade noch gefehlt. Uns geht es gut. Verschwinde!«

Doch er läßt nicht locker und ruft: „Aber was habt ihr denn hier! Ihr habt nicht einmal das Feuer dieser Höhle mit eigenen Augen gesehen. Ihr habt nicht einmal die Freiheit, aufzustehen und herumzulaufen!"

Doch niemand erhört ihn. Im Gegenteil, seine Worte steigern nur die Wut der Höhlenbewohner. Einer schnappt mit den Füßen nach ihm; ein anderer ruft: „Haltet ihn! Ihm ist nichts heilig!"

Unser erleuchteter Höhlenbewohner ist froh, daß er gerade noch in den Gang entweichen kann, der nach oben führt. Wäre er noch länger unten geblieben, hätte er um sein Leben fürchten müssen.

Was ich damit sagen will? Warum ich gerade jetzt dieses Gleichnis bringe?

Ich denke mir, daß die Wahrnehmungen gegenüber dem Sport auch recht unterschiedlich sein dürften. Wer betreibt den Höhlensport und wer die Lichtkunst? Jeder nimmt Wirklichkeit anders wahr. So ist es auch mit unserer Bewegungswirklichkeit. Sicherlich kann man sagen: „Wie ich das Leben sehe oder wie ich Sport treibe, das reicht mir. Laß mich mit Deinem Kram in Ruhe!"

Doch hat erst derjenige die freie Wahl und die Möglichkeit für eine bewußte Entscheidung, der die Vielfalt der Wirklichkeit wahrzunehmen in der Lage ist — das Halbdunkel der geschützten Höhle und das Tageslicht außerhalb der Höhle. Möglicherweise lebt es sich ganz gut unter der Erde, wenn man seine Fesseln abgelegt hat. Besonders wenn es draußen stürmt und schneit. Doch welches Vergnügen bereitet es, bei schönem Wetter hinaus ins Freie zu gehen und den Sonnenschein zu genießen, sobald sich die Augen ans Tageslicht gewöhnt haben!

Die Entdeckung des Zen in der Kunst des Sports wird die westliche Wahrnehmungsform von Bewegung und Körpererfahrung nicht verdrängen. Doch meine Hoffnung ist, daß sich die Wahrnehmung der Bewegungswelt über dieses Buch etwas erweitert hat. Auch würde es mich freuen, wenn Du ... Schnappst Du schon nach meinen Füßen?

ENDE oder ANFANG

Sechzehn ausgewählte Literaturhinweise

Daisetz T. Suzuki: Die große Befreiung (O. W. Barth Verlag), Bern, München, Wien, 1984.
Jean-Michael Varenne: Zen (Heyne), München 1985.
Janwillem van de Wetering: Der leere Spiegel (rororo), Reinbek bei Hamburg, 1981.
Janwillem van de Wetering: Ein Blick ins Nichts (rororo), Reinbek bei Hamburg, 1985
Alan Watts: Die sanfte Befreiung (Goldmann), München, 1985
Hans A. Pestalozzi: Die sanfte Verblödung (Hermes), Düsseldorf, 1985
Paul Reps: Ohne Worte — Ohne Schweigen (O. W. Barth Verlag), Bern, München, Wien, 1982
Eugen Herrigel: Zen in der Kunst des Bogenschießens (O. W. Barth Verlag), Bern, München, Wien, 1984
Hugo Kükelhaus/Rudolf zur Lippe: Entfaltung der Sinne (Fischer), Frankfurt/M., 1982
Fred Rohe: Zen in der Kunst des Laufens (Bodymind), Berlin, 1982
W. Timothy Gallwey: Tennis und Psyche (Wila), München, 1982
Barbara Moegling/Klaus Moegling: Sanfte Körpererfahrung Band 1 (Kasseler Verlag), Kassel, 1984
Klaus Moegling (Hrsg.): Sanfte Körpererfahrung Band 2 (Kasseler Verlag), Kassel, 1984
Klaus Moegling (Hrsg.): Sanfte Körpererfahrung Band 3 (Kasseler Verlag), Kassel, 1987
Gerhard Treutlein/Jürgen Funke/Nicol Sperle: Körpererfahrung in traditonellen Sportarten (Putty), Wuppertal, 1986
Karlfried Graf Dürkheim: Sportliche Leistung — Menschliche Reise (Weitz Verlag), Aachen, 1986

Dahong Zhuo
DIE ENTWICKLUNG DER
INNEREN KRÄFTE
Tai Chi Chuan, Yi Jin Jing,
Ba Duan Jin, Shier Duan Jin,
Chi Kung u. a.

128 Seiten
durchgehend illustriert
DM 14,80
ISBN 3-924624-31-3

Dieses praktische Übungsbuch basiert auf den Prinzipien des Yin und Yang, der Lehre des Tao.
Seit Jahrhunderten überlieferte Techniken zur Gesunderhaltung von Körper und Geist, zur Selbstverteidigung, Körperbeherrschung und Meditation entwickelt, werden hier in einer dem westlichen Leser verständlichen Art und Weise dargestellt und beschrieben.
Dr. Dahong Zhuo, ein bekannter Autor von Gesundheitsliteratur am Zhongshan Medical College in Canton, legt mit diesem Buch eine Reihe von Übungen vor, die im Westen weitgehend unbekannt sind.
Schritt für Schritt werden die einzelnen Methoden der Interaktion von Körper und Geist vorgestellt, die zur Erweckung und Entwicklung der inneren Kraft führen, die für Gesundheit, Vitalität und Wohlbefinden eine große Rolle spielen.

Harald Meder
KUN KIÄN —
PARTNER-SPIELE
Miteinander gewinnen anstatt
gegeneinander verlieren

128 Seiten
illustriert
DM 12,80
ISBN 3-924624-30-5

»Partnerspiele« stellt eine Reihe von Spielen besonderer Art vor. Ihnen gemeinsam ist der Grundsatz, daß die Spielpartner nicht gegeneinander, sondern miteinander spielen und gemeinsam zum Erfolg kommen. So lehren die Spiele den harmonischen Umgang miteinander und integrieren diesen in das alltägliche Spiel Leben. Auf spielerische Art wird so ein Denk- und Umdenkprozeß eingeleitet... Dies ist KUN KIÄN; Spiele für drinnen und draußen, Spiele für beide oder keinen. Spiele, mit denen man miteinander gewinnt, anstatt gegeneinander zu verlieren.